# 俺《おれ》しかいない

堂《どう》安《あん》律《りつ》

集英社

# 夢を追いかけているすべての人たちへ

俺はまだ、なにひとつ夢を叶《かな》えることができていない。

生まれながらの天才なんかじゃないし、常に、誰《だれ》かしら上の存在がいる環境《かんきょう》に身を置いてきました。人一倍、悩《なや》むことが多いし、表には出さないけど、不安でビビることもある。心のなかでは、いつも弱い自分と葛藤《かっとう》しています。

でも、下を向いたことは、ただの一度もありません。どんな逆境でも、野心と反骨心を燃えたぎらせ、夢のために、自分を誰よりも信じて生きてきました。

堂安律というひとりの人間がどうやって人生を歩んできたのか――。

ありのままの俺を知ってもらいたいし、「堂安ってこんな人間なんだ」「そんなことを考えていたんだ」と感じてもらえたらうれしいです。すでに夢を見つけた人も、まだ夢を探している途中《とちゅう》の人も、今を本気で生きている人ならば、きっと共感してもらえると信じています。

この本は成功者として出す本じゃない。挑戦者《ちょうせんしゃ》として出す本です。だから、成功体験は書かれていません。今、夢を追いかけているすべての人たちへ。堂安律という生き様《ざま》と、これからも夢に向かって突《つ》き進み続ける俺の決意を伝えたいです。

堂安律

# 目次

# 第2章 どん底から見えた光

# 第3章

# 第4章

# 第5章

# 第6章

堂安語録 唯一無二《ゆいいつむに》の10の思考 167

―反骨心― 168
「『あいつ終わったな』と思われたときからが自分の見せどころ。ギラギラしていないと思われたら、俺はサッカーをやめる」

―アンチ― 170
「『俺を批判している人たちを全員、大ファンにさせてやる！』という強烈《きょうれつ》なモチベーションが、今日も俺を突き動かしている」

―逆境― 172
「どんな状況《じょうきょう》であれ、敵は相手じゃなくて自分。これまでの努力を疑ってしまうのは自分を全否定するのと一緒《いっしょ》。どれだけ自分で自分を信じ続けられるか」

―メンタル― 174
「最初から恐《おそ》れず立ち向かえる人はいないし、恐れを抱《いだ》かないことが心の強さだとは思わない。それでも逃げずに自分の弱さと向き合って乗り越える。それこそが、心の強さだ」

―言語化― 176
「自分の置かれた立場や状況を客観的に把握《はあく》して、うまく言語化できる人間じゃなければ、目の前に立ちふさがる壁を乗り越えることは不可能だ」

―マインドセット― 178
「緊張《きんちょう》しすぎるのはよくないけど、適度な緊張感がなければ熱くもなれない。冷静だけど、熱く。そのバランスが大事」

―努力― 180
「努力すれば必ずなにかが叶《かな》うとは思わないけど、努力をしていないヤツにはそういうチャンスは絶対にめぐってこない。不安を解消するには、とにかく練習。ピッチに立つ前に『やれることは全部やった』と言い切れるだけの練習を毎日やっていくしかない」

**歴代所属クラブ**

**2003-2008** (4歳~9歳)
浦風《うらかぜ》FC

**2008-2011** (9歳~12歳)
西宮《にしのみや》SS

**2011-2014** (12歳~15歳)
ガンバ大阪ジュニアユース

**2014-2015** (15歳~16歳)
ガンバ大阪ユース

**2015** (16歳~17歳)
ガンバ大阪

**2016** (17歳~18歳)
ガンバ大阪&ガンバ大阪U-23

**2017** (18歳)
ガンバ大阪

**2017-2018** (19歳)
FCフローニンゲン (オランダ)

**2018-2019** (20歳)
FCフローニンゲン

**2019-2020** (21歳)
FCフローニンゲン&
PSVアイントホーフェン (オランダ)

**2020-2021** (22歳)
アルミニア・ビーレフェルト (ドイツ)

**2021-2022** (23歳)
PSVアイントホーフェン

**2022-2023** (24歳)
SCフライブルク (ドイツ)

第1章

# 挫折だらけのサッカー人生

## あきらめが悪くて、負けず嫌《ぎら》い。どんな相手の懐《ふところ》にも入っていける「末っ子気質」

サッカーを始めたのは3、4歳のころ。兄貴ふたりがサッカーをやっていた影響《えいきょう》で、俺も物心がついたころからボールを蹴《け》っていた。

3つ上の憂《ゆう》が俺のアイドルだった。まさに、マンガやアニメでよくある「目指せ、兄貴」というあの感じ。小さいころは毎日、近所の公園で一緒《いっしょ》にサッカーをして、泣くまでボコボコにされた。兄貴にはどうやっても勝てなかったけど、俺は根っからの負けず嫌いだから、何度も何度もこりずに勝負を挑《いど》んだ。「まだまだ!」「もう1回!」が俺の口グセだった。

3兄弟の末っ子であることが、俺のパーソナリティーを形成する大きな要素になっている。末っ子はいい意味で、あきらめが悪い。スポーツの世界はどれだけ壁《かべ》にぶち当たっても、しつこく生命力のある人間が生き残る。性格的にアスリートに向いていたのかもしれない。

俺はオトンやオカンに「よう、しゃべる子やな」と言われて育ってきた。実際、堂安家の3兄弟のなかで、末っ子の俺が群を抜《ぬ》いておしゃべりだったのは間違《まちが》いない。兄貴たちは知らない人が来るとおとなしくなったけど、俺は普通《ふつう》にしゃべっていたらしい。兄貴たちの失敗を見て、「こうしたらオトンやオカンに怒《おこ》られるんやな」「こうすればホメられそうやな」ということを無意識に覚えたんだと思う。どんな相手の懐にも入っていけるコミュニケーション能力や空気を読む能力は、間違いなく末っ子気質のおかげ。この性格が自分を本当に助けてくれている。

オトンとオカンの影響ももちろん大きい。俺は小さいころから一度もサッカーの練習を休んだことがない。オトンとオカンは、サッカーが終われば、多少遊んで帰ってきてもなにも言わずに許してくれた。だから、練習をサボる必要がなかった。そんな両親のもとで育てられたことが今の俺につながっていると思う。

## 人生初の挫折《ざせつ》。「セレッソのオファーを1秒で断ってやる」

人生で初めての挫折は、小4でセレッソ大阪アカデミーのセレクションに落ちたこと。

地元の浦風《うらかぜ》FCでは、俺がいちばんうまいと思ってサッカーをやってきたけど、セレッソのセレクションに行ったら、俺よりもうまいヤツばかりいた。通常は3次選考までなのに、俺が参加したのは4次選考。15人、16人が参加して2人、3人が合格する最終試験だった。

そのなかでもひとりだけずば抜《ぬ》けてうまいヤツがいると思ったら、のちにU－20W杯に一緒に出ることになる舩木《ふなき》翔《かける》くんだった。あとで聞いたら、翔くんはすでにセレッソ入りが決まっていて、1学年上のチームに上げるテストをされていたらしい。俺とはまったく境遇《きょうぐう》が違っていた。

結局、セレッソに落ちた俺は兵庫県でまあまあ強かった西宮ＳＳ《にしのみやサツカースクール》に入った。悔《くや》しかったのは、俺と入れ替《か》わるように西宮ＳＳから３人の選手がセレッソアカデミーに合格したこと。正直ものすごくムカついた。「いつか絶対に見返してやろう」と思ったし、「中学に上がるタイミングで、セレッソのジュニアユースからオファーをもらったら、１秒で断ってやる」ということを目標に、さらに反骨心を燃やしてサッカーにのめり込《こ》むようになった。

西宮ＳＳに初めて参加したのは大会の日だった。まだユニフォームもなく、似たようなシャツを着て出たけど、俺はボッコボコにゴールを決めまくって得点王になった。当時は週１でヴィッセル神戸のスクールにも通っていて、そこで一緒《いつしよ》だった西田一翔《にしだかずと》も西宮ＳＳに誘《さそ》った。一翔は本当に天才で、「こいつには敵わない」と俺が最初に思った選手だ。その後、ガンバ大阪ジュニアユース、ガンバ大阪ユースとずっと一緒で長い付き合いになったけど、お互《たが》いに認め合い、刺激《しげき》し合える関係だった。

これまで多くの指導者との出会いがあったけど、いちばん最初に影響《えいきよう》を受けたのは、やっぱり西宮ＳＳの早野陽《はやのよう》コーチだ。「俺がマラドーナになりたい」とアホみたいな夢を語っても、「律ならなれるよ。そのためにどうすればいいんやろ？」と、子供の戯言《ざれごと》だと思わず、しっかり向き合ってくれた。子供とのコミュニケーションの取り方が抜群《ばつぐん》にうまかった。

本当にのびのびとサッカーをやらせてもらったし、めちゃくちゃ練習した。「パス禁止」の試合もあって、とにかくドリブルを極めた。その甲斐《かい》もあってか、小6のとき、関西地区のナショナルトレセンでは、完全に俺がチームのキングになっていた。そして、中学進学時、セレッソのジュニアユースからオファーをもらった。もちろん、1秒で断った。「セレッソのヤツらには絶対に負けてたまるか」という反骨心が小学生の俺を強くしてくれたし、この経験はその後のサッカー人生にも大きな影響を与えてくれた。

## ガンバ大阪ジュニアユースで出会った天才たち。周りが自分よりもうまくて、満足しているヒマなんてなかった

2017年の夏にFCフローニンゲンへ移籍《いせき》するまで、俺はジュニアユース時代から約6年間、ガンバ大阪でプレーした。小6のころ、実はヴィッセル神戸、セレッソ大阪、名古屋グランパス、JFAアカデミー福島からも声をかけてもらっていた。セレッソはもちろん眼中《がんちゅう》になく、最後はガンバとグランパスで迷っていた。

これはオカンから聞いた話だけど、ガンバの練習を見学に行った翌日、「ガンバのユニフォームを着ている夢を見た」と俺が言って、ガンバに決めたらしい。でも、俺にはそんな記憶《きおく》はまっ

たくない。だから、本当にノリで決めたんだと思う。

ガンバのジュニアユースは関西のエリートの集まりで、特に俺の代は過去最強と言われるほどだった。一翔《かずと》のほかにも、ディアブロッサ高田から来た杉山天真《すぎやまたかまさ》くんというすごいＭＦがいたし、ＥＸＥ90ＦＣから来た松本歩夢《まつもとあゆむ》くんというすごいＦＷもいた。チームはめちゃくちゃ強くて、ヴィッセル相手に７点、８点とって勝ったこともあった。

初めての試合に運よく先発で出られたけど、オトンとオカンはまさか俺が出るとは思っていなかったらしく、「りっちゃん、よかったね。今のうちに見とこう」と泣いていた。

それこそ、アカデミーの６つ上には宇佐美貴史《うさみたかし》くん、２つ上には井手口陽介《いでぐちようすけ》くんという大きな存在がいて、１つ上には初瀬亮《はつせりょう》くん、市丸瑞希《いちまるみずき》くん、髙木彰人《たかぎあきと》くんというジュニアユースで３冠を達成し、「マンチェスターユナイテッド・プレミアカップ」というＵ-15世代の世界一を決める国際大会で２位になったときの中心メンバーがいた。

同期や上の世代はもちろん、ガンバでは下からの突《つ》き上げもある。そんななか俺は夢中でボールを蹴《け》っていただけ。そして、常に「チームのナンバーワンになりたい」と考えていたし、１つ上や２つ上のチームに入っても、その考えを貫《つらぬ》いていた。

周りに自分よりもうまい選手がいたことで、調子に乗ることなく、サッカーだけに集中できた。

もし自分より上のレベルの選手が誰《だれ》もいなかったら、きっとどこかで満足していたかもしれない。

ガンバでは中1から中2、ジュニアユースからユース、ユースからトップとカテゴリーが上がるたびに、いちばん下からはい上がらないといけなかったから、満足しているヒマなんてなかった。

## 壁《かべ》を乗り越《こ》えて確立した、堂安律の原型。「おまえは天才とちゃうぞ。満足すんな」

ジュニアユースでは、最初はボランチでプレーしていたけど、今以上に足が遅《おそ》く、中1の夏ごろにはスピードでドリブル突破《とっぱ》できなくなり、早くも壁にぶつかった。ただ、体の強さや判断の速さには自信を持っていた。中盤《ちゅうばん》でテクニックを見せつけるけど、運動量は少なく、パスを出したあとに走らない。ボールを奪《うば》われても取り返しに行かず、人のせいにしていた。

ジュニアユース時代に指導してもらっていたカモさん（鴨川幸司《かもがわこうじ》）から、「おっさんみたいやな。昔の10番みたいなプレースタイルになるぞ」と言われた。

「おまえは天才とちゃうぞ。満足すんな」「貴史や陽介は中1のころから中3の試合で活躍《かつやく》してたんやぞ」という言葉は、当時、俺の心に深く刺《さ》さった。

「どうしよう。このままじゃダメだ」と思い悩《なや》んでいたとき、「おまえはドリブラーやから」とカモさんが俺をサイドハーフにコンバートした。そこから、ドリブルを極めようという意識が強くなり、中1の秋には、中3が中心のトップチームに上がるようになった。
ところが、中1の冬、高円宮杯《たかまどのみや》全日本ユース（U-15）サッカー選手権大会で、人生初の骨折をした。手応えをつかみかけた時期の思わぬ事態に、俺は思わず病院で号泣した。あんなに泣いたのは人生で初めてだった。オカンも心配して、「どうやって声をかけたらいいかわからない」とトレーナーに相談していたらしい。

その後も、カモさんは我慢《がまん》して俺を使い続けてくれた。中3のころ、ほかにやる選手がいなかったから俺はFWになった。このときに感じたシュートや裏抜《ぬ》けの大切さは、プロになってからプレースタイルを確立するうえで、ものすごく大きな意味を持っていた。カモさんにはよく怒《おこ》られたけど、しっかりと考えて意見を言えば、それを聞き入れてくれる指導者だった。

スペイン遠征《えんせい》でチームメイトがボールをなくし、連帯責任で全員が罰走《ばっそう》することになったとき、俺は納得がいかず、「カモさん、この大会にいいコンディションで臨まないと俺らは絶対に後悔《こうかい》する。帰ってから、その倍は走るから許してください」と思いを伝えた。
カモさんは「おお、考えるわ」と素っ気なかったけど、認めてくれた。そのスペイン遠征で俺はバルセロナ相手に決勝ゴールを決めるなど、結果を出した。結局、帰国してからも罰走はなかった。カモさんはきっと、俺たちが自分たちで考えて判断したことを評価してくれたんだと思う。

## 世界を意識したスペイン遠征。「7年後の東京五輪でエースとして日本を優勝させる」

俺がヨーロッパでプレーしたいと思うきっかけになったのは、そのスペイン遠征だった。中2、中3、高1と毎年のようにスペイン遠征に行って、現地でレアル・マドリードやバルセロナ、エスパニョールと本気の試合をした。当時は俺たち日本人のほうが技術は高くて、ヨーロッパの強《きょう》豪《ごう》にもほとんど勝っていた。

俺は中3のとき、大会のMVPにも選ばれた。でも、その大会の得点王は韓《かん》国《こく》のイ・スンウ。当時から注目されていた同い年の選手で、俺はものすごくライバル意識を持っていた。彼の目の前でゴールを決められたことは、ジュニアユース時代でいちばんうれしい出来事だったかもしれない。まあ、その後、やり返されてしまうんだけど。

スペイン遠征中にコーディネーターの人から、「彼らは中2、中3だけど、すでに契《けい》約《やく》の世界で生きている。給料をもらっている選手もいれば、学校に行くことを免《めん》除《じょ》されている選手もいる」という話を聞かされ、衝《しょう》撃《げき》を受けた。今でも鮮《せん》明《めい》に覚えている。

まだまだ両親に育ててもらっている感覚の強かった当時の俺からしたら、ものすごく違《い》和《わ》感《かん》があった。自分の力だけで生きていくことへの憧《あこが》れや嫉《しっ》妬《と》。「俺も早く海外に行って、彼らを超《こ》えていきたい」と思った。

でも、海外のレベルがものすごく高いとは思わなかった。まったく歯が立たないという経験は一度もしたことがなかったし、実際に俺たちはレアルやバルサにも勝っていたから。「このままそういう相手に勝ち続けていったら、将来はとんでもない日本人選手になれるんじゃないか」という思いのほうが強かった。

当時から俺は将来のことをリアルに考えていた。2017年のU-20W杯で活躍《かつやく》して海外へ行くのが、目指すべき理想のルートだと思っていた。そのためにはこれから3〜4年、どのように実力を磨《みが》いていけばいいか。そうやって逆算していた。

中3の9月には、東京五輪の開催《かいさい》が決まった。運命だと思った。「7年後の東京五輪でエースとして日本を優勝させる」という夢ができた。ガンバ大阪のトップチームで活躍しない限り、その先の海外挑戦《ちょうせん》もないことはわかっていた。立ち止まってなんかいられなかった。

## 暗黒のU-23時代。「サッカー選手として成り上がる」という覚悟《かくご》が足りなかった

ジュニアユースからユースに上がった2014年は、ガンバが3冠を達成した歴史的なシーズンだった。

2015年、年明けすぐに行われたトップチームの沖縄キャンプでケガ人が続出し、「ユースから誰《だれ》か呼ぼう」という話になった。ほかにもいい選手がたくさんいたのに、なぜか俺に声がか

かった。ユースに上がったばかりの当時、ジュニアユースで磨いたドリブルにキレが出てきて、調子がものすごくよかったからかもしれない。

実際、オフ明けで調整中のプロの選手を相手に、コンディションの仕上がっていた俺はキレキレだった。（岩下《いわした》）敬輔《けいすけ》くんや宇佐美くんといった先輩たちからかわいがられて、憧《あこが》れの選手のブログに写真を載《の》せてもらえたことがすごくうれしかった。

キャンプでのパフォーマンスを評価してもらえて、２０１５年にはトップチームの試合に出させてもらった。16歳３５２日でクラブ史上最年少となるＪリーグデビューを飾《かざ》れたけど、順風満帆《じゅんぷうまんぱん》だったわけじゃない。ここからプロの大きな壁《かべ》にぶつかることになる。

２０１６年には、このシーズンから新しく設立されたガンバ大阪Ｕ－23で試合に出ることが多くなった。攻撃面《こうげきめん》は評価してもらっていたけど、守備がまったく機能していなかったから、監督《かんとく》の（長谷川《はせがわ》）健太《けんた》さんになかなか使ってもらえなかった。

あのころは、俺のサッカー人生のなかでもいちばんの暗黒時代だったと思う。ピッチに立ったら一生懸命《いっしょうけんめい》やるから、周りにはそう思われていなかったけど、内心、腐《くさ》っていた。ときにはそれが態度に出てしまった。当時、Ｕ－23の監督だったノリさん（実好礼忠《さねよしのりただ》）に「おまえら、帰れ」と言われ、「いいすか」と反発して、本当に帰ったこともあった。17歳、18歳とはいえ、プロとして甘《あま》すぎた。

当時はプレーも軽くて雑だった。ボールは収まらず、イチかバチかで突《つ》っ込《こ》んでロストすることが多かった。自分自身のメンタルコントロールがまったくできていなくて、仲間に対するリスペクトもなかった。公式戦で無意識に舌打ちをして、ノリさんにこっぴどく叱《しか》られたこともあった。それからは一度もしていないけど、その当時はあまりにも心のバランスが取れていなかった。

U-23時代には、人数がそろわず、4人、5人で練習した日もあったし、リフティングをひたすらやらされる日もあった。トップチームに上がれず、フラストレーションを溜《た》める若い選手ばかりで、ノリさんも大変だったと思う。ノリさんはやさしくて、近い距離感《きょりかん》でグチも言えるような指導者だった。俺の状態《じょうたい》を見極めて、「ちゃんとやらなあかんぞ。健太《けんた》さんにチクるぞ」と言ってくれたりするノリさんのキャラクターに、当時の俺は救われていた。

プロだから技術的なことはあまり言われなかったけど、「とにかく仕掛《しか》けろ」と言われていた。大人になると効率ばかり求めるけど、「数的不利でもいいから仕掛けろ」「そういうところでもいける選手じゃないと、トップチームで活躍《かつやく》できひんから」と言われたのをよく覚えている。

あと、「2手先、3手先を常に読め」「試合が終わったら、体よりも脳が疲《つか》れたと思わないと」「自分の能力が最大限発揮できるのはどの局面か。そこまでどう持っていくか」ということもよく言われていた。俺は我が強いけど柔軟《じゅうなん》だから、そういうアドバイスはしっかりと実践《じっせん》してきた。

今、ヨーロッパの所属クラブでも、日本代表でも、そのときの経験がものすごく生きている。

U－23時代には、食生活をまったく気にかけていなかったけど、今はものすごく後悔《こうかい》している。寮《りょう》から練習場に向かう途中《とちゅう》でコンビニのチキンを食べたり、試合が終わってからカップラーメンを食べたりしていた。プロ意識が足りていなかった。心のどこかにまだ「練習させられている」という意識があったんだと思う。練習はしていたけど、ただ、していただけ。「サッカー選手として成り上がってやる」という覚悟《かくご》が足りていなかった。敵は自分なんだ、と今になって思う。

## J1初ゴール。健太さんの言葉で気がついた、俺のストロングポイント

U－23では、ノリさんから攻撃面《こうげきめん》のことで常に発破《はっぱ》をかけられてきた。でも、トップチームでは、健太さんからプレスのかけ方や立ち位置など、とにかく守備のことを言われた。攻撃面のことを言われた記憶《きおく》がほとんどない。2017年になるとトップチームでの出場機会も増えていった。攻撃的にいくときのカードとして、俺は健太さんに使ってもらえるようになった。

2017年4月16日、J1第7節。アウェイでのセレッソ大阪とのダービーで、俺は0－0で迎《むか》えた後半、右ウイングバックとして投入された。直後に先制点が決まったけど、その後、俺の軽い守備から（杉本《すぎもと》）健勇《けんゆう》くんに突破《とっぱ》されて同点に追いつかれた。さらに、俺の右サイドを崩《くず》さ

れて失点。ロスタイムに追いついたけど、俺の守備が原因で試合を壊《こわ》してしまった。

翌日、プールでリカバリーしているときに健太《けんた》さんに呼び出された。「どうだった？　昨日は」と言われて、俺は守備のことにはいっさい触《ふ》れず、攻撃面《こうげきめん》の課題を口にした。俺は悪くないですよ、というニュアンスを含《ふく》ませながら……。すると、健太さんから、「違《ちが》う。おまえのところで２点やられたんだぞ」ときつく言われてしまった。

俺は自分の気持ちをそのまま口にした。「健太さん、すみません。守備を求められるのはもう無理です。右のウイングバックとして途中《とちゅう》から出るより、ＦＷやサイドハーフとしてベンチのほうがいい。そこで勝負させてください」。そう言った瞬間《しゅんかん》、「俺、終わったかもしれない。監督《かんとく》にそんなことを言ってしまって……」と血の気が引いた。

中４日で迎《むか》えたＪ１第８節、大宮アルディージャ戦。なぜか俺はトップ下でスタメンだった。紅白戦でも説明は受けなかったけど、前日に健太さんからこんなことを言われた。

「いいか、律。おまえのいちばんの特徴《とくちょう》はなにかわかっているか？」

「ドリブルですか？」

「違《ちが》うよ。ドリブルがうまいヤツはもっといるよ」

「え、フィジカルですか？」

「いや、おまえ、ちっちゃいだろ。違うよ。律はシュートがうまいんだよ。だから、どんどん打て、明日」

その試合で俺はJ1初ゴールを含む2ゴールを決めた。スタメンフル出場でチームも6－0と大勝。特に1点目はペナルティーエリアの少し外、右なな め45度から左足を振《ふ》り抜《ぬ》いたゴールで、堂安律を象徴《しょうちょう》するような一発だった。

健太さんの言葉のおかげで自分の強みを再認識できたし、積極的にシュートを打つことができた。日本代表やヨーロッパで経験を重ねれば重ねるほど、健太さんの言っていたシュートの意識、守備の意識がいかに大切かがわかってきた。

## 不完全燃焼のMVP。U－20W杯は「堂安の大会」でもなんでもなかった

俺は各年代の日本代表に選ばれてきた。そんな俺を12歳、13歳のころから知ってくれているのが（内山《うちやま》）篤《あつし》さん。アンダー世代の監督として長く指導してくれて、U－20W杯も一緒《いっしょ》に戦った。今でも連絡を取り合い、悩《なや》みがあると電話をする関係性だ。

篤さんは「結局、おまえだから。おまえみたいな気持ちの強い選手が大事なときに点をとるんだ」と言い続けてくれた。反骨心をギラギラと表に出す俺の性格をよくホメてくれた。一方で、

「感情をコントロールしないとダメだよ。気持ちは強く持っていても、ピッチでは常に頭は冷静じゃないと」ということを口酸っぱく言われてきた。

ガンバ大阪ジュニアユースのスペイン遠征《えんせい》で海外挑戦《ちょうせん》を意識するようになった俺は、かなり早い段階からU-20W杯に照準を合わせてきた。その出場権をかけて、2016年10月に行われたAFC U-19選手権バーレーン2016で、俺は本調子ではなかったものの、篤《あつし》さんはレギュラーとして起用し続けてくれた。

U-20W杯への切符《きっぷ》をかけたタジキスタンとの準々決勝の前日、俺は(小川《おがわ》)航基《こうき》とふたりで篤さんの部屋に呼ばれ、「おまえたちが点を決めるんだぞ」と発破《はっぱ》をかけられた。1つ前の世代はここで負けて、U-20W杯に出場できなかった。だからこそ、この大一番の重要性は痛いほどわかっていた。

俺も航基もグループリーグでは調子がよくなかったけど、この試合でふたりともゴールを決め、U-20W杯の出場権を獲得《かくとく》した。篤さんの期待に応えることができてうれしかった。日本代表はそのまま勝ち上がり、6試合無失点でアジアの頂点《ちょうてん》に立った。

俺は大会のMVPに選ばれたけど、不満があった。周りからも「無失点優勝なんだから、DFがMVPだろ」とツッコミを入れられた。俺もまったく手応えがない大会だった。不完全燃焼なのにトロフィーをもらってしまったことで、「U-20W杯でなんとしても結果を出してやろう」

というハングリー精神が燃え上がった。「このままじゃダメだ」という危機感もあった。

そのエネルギーが原動力になったのかはわからないけど、そこからプレーの質がどんどん向上して、翌年の2017年には、ガンバのトップチームでコンスタントに試合に出られるようになっていった。4月には、J1初ゴールを決めた大宮アルディージャ戦から公式戦3試合連続ゴールを記録した。結果も自信もついてきた5月、いよいよU-20W杯を迎《むか》えた。

「終わったときに『堂安の大会やったな』と言わせてやる」という強烈《きょうれつ》なモチベーションで俺はこの大会に挑《いど》んだ。グループリーグで3ゴールと結果は出せたかもしれない。でも、チームとしてはベスト16でベネズエラに負けて敗退。俺の力で日本代表を引き上げることはできなかった。世界から見れば、「堂安の大会」でもなんでもなかった。

## 逆算して実現した海外初挑戦。俺らしさを浸透《しんとう》させるのに5か月かかった

2017年6月。U-20W杯が終わってすぐ、俺は海外挑戦することを決めた。15歳のころから逆算していたとおり、この大会を足がかりにすることができた。移籍《いせき》先はオランダ・エールディヴィジの中堅《ちゅうけん》クラブ、FCフローニンゲン。将来を見すえて慎重《しんちょう》にクラブを選んだ。いきなりトップリーグに行くのではなく、ウイングがドリブルで自由に仕掛《しか》けることをよしとするオランダな

ら、自分の力をしっかり伸《の》ばせそうだと感じた。フローニンゲンは（ルイス・）スアレスや（アリエン・）ロッベンを輩出《はいしゅつ》したクラブでもあるから、ヨーロッパで駆《か》け上がっていくための最初のクラブとしてふさわしいとも思っていた。

でも、完全移籍《いせき》ではなく、期限付き移籍。1年間のプレー次第で、「おまえはダメだ」と思われたら、日本に帰されてしまう。「やるしかない」という一心でオランダへ乗り込《こ》んだ。

フローニンゲンの最初の練習は、正直、面食らった。今思えば当たり前だし、少しは予想していたけど、新参者の俺のところにはパスがなかなか回ってこなかった。当時は英語も全然できなかったから、チームメイトとコミュニケーションがうまく取れない。持ち前の明るさでニコニコしているだけの状態がしばらく続いた。現実はそう甘《あま》くなかった。

だから、最初の数か月は全然楽しくなかった。でも、「このままではまずい」と思い、自分からアクションを取るようにマインドを変えていった。つたない英語でも積極的に話しかけることで、自然とチームメイトと心が通うようになってきた。

でも、最初は「ジャパン」とからかわれることもあった。そういうときに意識したのはナメられないこと。あえて、大げさにキレる。でも、怒《おこ》ったままだと険悪《けんあく》になるだけだから、すぐ切り替《か》えて仲直りする。そうすることでコミュニケーションが生まれ、徐々《じょじょ》にチームメイトとの関わりが増えていった。

俺はチーム内での立場を確立し、俺らしさを浸透《しんとう》させるために、あえて移動バスでいちばんいい座席を確保するようにした。もともとそこはキャプテンが座っていた席だったから、ほかの選手から「ノー」と言われたけど、俺は意地でも譲《ゆず》らなかった。

練習や試合で結果を残すようになり、自然と周りが俺の席だと認めてくれるようになった。チーム内での俺の立ち位置も確立されていった。チームメイトとの関係性ができ上がるまでに、5か月くらいかかったと思う。

## 生きるか死ぬかの覚悟《かくご》で、前に進むしかなかったフローニンゲン1年目

俺はプレシーズンマッチで結果を出し、開幕スタメンの座を勝ち取った。でも、その試合で思うようなプレーができず、そこから4試合連続で出場機会を得られなかった。ドリブルで仕掛《しか》けられず、バックパスを出すシーンも多くて、試合が終わってから死ぬほど後悔《こうかい》した。覚悟を決めてやってきたのに、たった1試合でこうなるのか……。納得がいかず、怒《いか》りが湧《わ》いてきた。

開幕戦は左サイドで使われたけど、そこでは俺の本領が発揮できない。俺は監督《かんとく》の（エルネスト・）ファーベルのところへ行って、「俺のストロングポイントはカットインだ。だから、右サイドかトップ下で使ってほしい」とつたない英語で直訴《じきそ》した。

今思えば、開幕戦のあとにまったく試合に出られなくなったこの時期に、自分と向き合えたのが大きかった。試合で使ってもらうためにどうするか。やっぱり、ゴールという明確な結果を出さなければ海外では生き延びられない。

だから、とにかくたくさんシュートを練習した。全体練習が終わってから、居残りで1時間以上、蹴《け》って蹴って蹴りまくった。人生でいちばんシュートを打ち込《こ》んだのがこの時期だった。カットインからの左足ミドルは格段にうまくなったと思う。

オランダに渡《わた》って最初の半年は苦しい時期も長かった。正直、オトンとオカンに「日本に帰りたい」と弱音を吐《は》きたかった。でも、俺は期限付き移籍《いせき》でここにいるから、時間がない。もたもたしていたら、強制的に日本に戻《もど》されてしまう。「このまま終わってたまるか。絶対に結果を残してやる」という強烈《きょうれつ》な反骨心で自分を奮《ふる》い立たせた。

2018年に入り、シーズン後半戦が始まった。年明けすぐにゴールを決め、俺は勢いに乗っていった。カップ戦、リーグ戦とコンスタントに試合に出してもらうようになって、欧州挑戦《おうしゅうちょうせん》1年目で公式戦2ケタ得点を記録。フローニンゲンへの完全移籍を勝ち取った。

生きるか死ぬかの覚悟《かくご》で、もがきながらもハイスピードで前に進むしかなかった。プロサッカー選手として、ヨーロッパで駆《か》け上がっていくための第一歩を踏《ふ》むことはできた。プレー面でも、それ以外でも、大きな自信を手にした1年だった。

## 悔《くや》しかったロシアW杯落選。同世代の活躍《かつやく》で反骨心に火がついた

海外挑戦1年目のシーズン終盤《しゅうばん》、ロシアW杯の2か月前に受けたインタビューで、俺は日本代表についてこんなことを語っていた。

俺自身、東京五輪世代と言われるけど、サッカー選手としてやっている以上、日本代表を目指さないといけないし、五輪よりもやっぱりW杯ですよ。監督《かんとく》が誰《だれ》であれ、俺が追いかける立場なのは変わらない。今、日本代表の状態がよければ、俺がW杯で招集される可能性はゼロに近いけど、この状況《じょうきょう》のなか西野（朗《あきら》）さんもなにかスパイスを加えたいと思っているでしょうし、もし呼んでくれたらいいスパイスになる自信はありますよ。だからこそ、残りのシーズンはみんなを驚《おどろ》かすような気持ちでやりたいですね。ちょっとずつ自分にチャンスが転がってきているんじゃないかと思っているので、なんとか自分の力を見せたい。正直、チャンスあると思いません？（笑）

自信がなかったら、もし呼ばれても「できません」って言いますよ。ただ、今は自信がある。俺の目標は東京五輪の前後にはCL《チャンピオンズリーグ》に出られるようなクラブに移籍することで、将来的にはCLの決勝でプレーしたいと思っていますけど、今、決勝でプレーできるかといえば、ハッキリとした自信はない。意外と現実思考ですから。もし俺が今バロンドールをとるって言ったら、そ

れこそ大きすぎる夢だけど、W杯やＣ　Ｌ《チャンピオンズリーグ》ならがんばれば行けるでしょ。

まだ19歳って言われるかもしれないけど、経験は今までもしてきたし、プロになってお金をもらっている以上、年齢《ねんれい》は関係ないと思っています。フランス代表の（キリアン・）エムバペを見てください。１９９８年生まれで俺と同い年ですが、誰《だれ》も年齢のことなんか言わないじゃないですか。あいつはヤバい。ＣＬも出てるし、フランス代表の10番としてW杯に出るでしょうし、俺の夢を簡単に果たしていますから。ただ、まだまだサッカー人生は長いので負けてられないです。

昨年、Ｕ－20W杯でアピールして、オランダに移籍《いせき》することができた。あれは完全にイメージしていたことが現実になりましたから、やっぱり夢は口に出すものです。Ｕ－20W杯のイタリア戦なんて、俺が２点とったあと、スタジアム中が俺に歓声《かんせい》をくれて超《ちょう》気持ちよかったですから。そうなったら最高やないっすか。W杯でゴールを決めたら、翌日の新聞（の見出し）は「堂安、堂安……」ってなるんですかね。それほどうれしいことはないかも（笑）。

週刊プレイボーイ（２０１８年４月23日発売）「井手口陽介／堂安律 連続インタビュー」

でも、結局、俺はロシアW杯のメンバーに選ばれなかった。海外挑戦《ちょうせん》1年目で結果を残して手応えも感じていた分、悔《くや》しかった。本音では、日本代表の試合は見たくなかった。でも、W杯が始まれば、ひとりのサポーターとして応援《おうえん》している自分がいた。誰もが応援したくなるような試合を日本代表がしてくれたことで、込《こ》み上げてくるものがあった。

もちろん、「俺を選べよ」という気持ちはあった。でも、もし俺があの段階でW杯を経験していたら、調子に乗って、その後の成長曲線が鈍《にぶ》っていた可能性だってある。ギリギリで落選したことも、俺のサッカー人生には必要な経験だったのかもしれない。

正直、フランス代表のエムバペやウルグアイ代表の（ロドリゴ・）ベンタンクールといった同世代の選手の活躍《かつやく》が悔しかった。アンダー世代で何度も対戦してきた、同い年のイ・スンウが韓《かん》国《こく》代表の10番をつけて試合に出ているのを見て、「俺もやれたやろ」と腹が立った。

オランダで19歳ながら2ケタ得点を記録し、日本のメディアに少し持ち上げられて、いい気になっていた自分が恥《は》ずかしい。10番どころか、俺はまだ日本代表に選ばれてすらいないじゃないか……。反骨心に再び火がついた瞬間《しゅんかん》だった。

## 不思議な縁《えん》を感じた〝古巣〟での日本代表デビュー

2018年9月、ついに俺は日本代表に選ばれた。森保《もりやす》（一《はじめ》）さんが監督になり、チームも大きく若返った。初陣《ういじん》となった11日のキリンチャレンジカップ・コスタリカ戦は、古巣・ガンバ大阪の本拠地《ほんきょち》、パナソニックスタジアム吹田《すいた》で行われた。不思議な縁を感じた。

スタメンで出られそうな雰囲気《ふんいき》は前日の練習でだいたいわかっていた。緊張感《きんちょうかん》が高まってきたのは前日の夜あたり。「堂安」という名前が目につくから、ネットニュースやSNSを見るのもやめた。テレビのニュースも見なかった。試合当日、ホテルを出る10分前に陽《よう》コーチと電話した。「どうしよう、めっちゃ緊張してるんやけど」と伝えたら、「律、俺のほうが緊張しているから大丈夫や。俺はなにもできひんけど、おまえは自分でなんとかできるやろ」と言われて、少しだけ楽になった。

試合前は緊張していたけど、始まってからはまったく緊張しなかった。オランダで1年間やってきて、自分に期待もしていたし、その期待に応えられる自信もあった。吹田《すいた》スタジアムだったから、「堂安コール」がいちばん多かったとあとで聞いたけど、試合に集中しすぎて、あまり耳に入ってこなかった。

ゴールを決められなかったことだけが心残りだったけど、これまで育ってきた最高の場所で、両親や友達が見に来てくれたなか、日本代表としてサッカーができる幸せな時間だった。

## 自分らしいカタチで決めた日本代表初ゴール。どこに打っても入る気がした

2018年10月16日、埼玉《さいたま》スタジアム2002。キリンチャレンジカップ・ウルグアイ戦で念願の日本代表初ゴールが生まれた。2－2で迎《むか》えた後半14分、コーナーキックからのこぼれ球

をひろって、右サイドバックの（酒井《さかい》）宏樹《ひろき》くんとのワンツーでゴール前に侵入《しんにゅう》。得意の右ななめの角度から左足で丁寧《ていねい》にゴール左隅《すみ》に流し込《こ》んだ。

あの場面は宏樹くんからいいパスが来て、ファーストタッチで勝負アリだった。シュートシーンは時間がふっと止まったような感覚で、不思議とどこに打っても入る気がした。自分らしいカタチだったし、大事な場面で決められて、一生思い出に残るゴールになった。

ただ、ゴールを決めたあとの10分くらいはあまり記憶《きおく》がない。もちろん、しっかりプレーしていたとは思うけど、ほとんど思い出せない。リードしたあとはチームとして集中しなきゃいけないし、俺自身、相手へのプレッシャーもより厳しくやっていこうと心に言い聞かせていた。でも、どこかで気持ちがふわふわしていたんだと思う。

試合が終わったあとにオトンとオカンの姿をスタンドで見つけたときは泣きそうになった。自分が喜んでいる以上に、家族が喜んでくれることほど、うれしいことはない。普段《ふだん》はうれし泣きなんて絶対しないし、こんな感情は今までなかった。

実は日本代表に選ばれたころから、サッカーノートをつけ始めるようになった。毎日だと続かないから、週に2回、3回ほど、課題や目標など思ったことを書き込《こ》む。簡単な内容で、多くても5行、6行ほど。ウルグアイ戦当日の朝、「点をとりたい」と書こうと思ったけど、「書いたら、点をとれる気せえへん」と直感的に思ってやめた。書くとそればかり意識してしまうから、もっとラフな気持ちで臨んだほうがいいかなと思った。

日本代表初ゴールはたしかにうれしかったけど、それ以上に、90分通してハードワークできたことに自分の成長を感じた。常にこだわっているのはチームが勝てるかどうかだから。日本代表に選ばれた以上は親善試合であろうと、絶対に勝たなければいけない。日の丸を背負うと、そういう使命感を強く感じる。まだ親善試合を数試合しかこなしたことのない身で、これほどの緊《きん》張感《ちょうかん》なのだから、W杯やアジア杯のプレッシャーは計り知れない。

歴代最多の152試合に出場してきたヤットさん（遠藤保仁《えんどうやすひと》）への尊敬の念があらためて強くなった。あの背中に少しでも近づくために。日本を背負う重みをしっかりと感じながら、その重圧もはねのけて、日本代表として戦っていきたいと誓《ちか》った。

# 「20歳」で描《えが》く未来の自分

## 世界中どこに行ってもみんなが知ってる。そういう存在になりたい

オレの夢はなにかといえば、やっぱりＣＬ《チャンピオンズリーグ》で優勝すること。ＣＬに出るだけなら、がんばれば手が届くと思いませんか？　オレは日本人選手が今まで誰《だれ》も成し遂《と》げてない、「ＣＬ優勝」をピッチで経験したいんです。それはイコール、「日本人史上最高の選手になる」ということにもつながるし、10年後、世界中どこに行っても、みんながオレの顔を知ってるような存在になれてたら最高ですよね。

ＣＬは小学生のころからテレビで見てたけど、現実的な目標として考え出したのはフローニンゲンへの移籍《いせき》が決まり、ヨーロッパを舞台《ぶたい》に戦うと決めたとき。正直、ヨーロッパではＷ杯よりもＣＬで優勝するほうが価値があると思われてるし、自分としてもそっちのほうがワクワクする。

もちろん、オランダでプレーしてみて、あらためてその目標がどれだけすごいことかわか

りましたし、遠くに離《はな》れてしまったような気もします。でも、やるからにはてっぺんを目指すべきだと思うんです。簡単じゃないのは承知のうえ。オレはあまり先を見るタイプでもないし、物事はなんでも過程が大事だと思うから、一歩ずつやっていくだけです。

CL優勝は、完全に自分自身の夢ですね。一方で、日本代表でのプレーは家族のためにというか、日本のためにという気持ちが強い。だから、クラブと代表ではそれぞれマインドを変えてる部分があります。たとえば、ウチのオトンとオカンはオレがCLで優勝するより、日本代表として東京五輪やW杯で活躍《かつやく》するほうが絶対に喜ぶと思いますから（笑）。代表戦は緊張《きんちょう》するって話を前にもしましたが、代表では自分の思いだけじゃなく、国民のみなさんの気持ちも背負ってるし、その責任が大きい分、余計に緊張するのかもしれないですね。

## 心のなかはガキのままだし、とんがったまま

サッカーでも同世代の選手はもちろん意識します。フランス代表のエムバペやウルグアイ代表のベンタンクールがCLとかで活躍してるとすごくムカつきますし、あまり結果が出てない選手がいれば速報とか見てニヤついてますから（笑）。ヨーロッパにいると自然と情報は入ってくるので、気になるのは当然なんです。

今年20歳になったオレは、世の中的には新成人として扱《あつか》われるけど、サッカー選手にとっての20歳は正直若くないと思ってます。自分が子供のころに想像してた20歳と比べると、心のなかはガキのままだし、とんがったまま。最近はむしろ、そのとがり具合がさらに鋭《するど》くなってますけど、サッカーをするうえではいいのかなとポジティブにとらえてます。オランダに来てから、試合でも練習のミニゲームでも負けたくないという気持ちがいっそう強くなってますし、周りの選手よりも1円でも多くかせぎたいという欲だって強くなってます。

未来のことはわかりません。最近は移籍《いせき》のウワサについてもネット上でアレコレ言われてるのを目にします。ただ、オレは誰《だれ》もたどったことのないルートを歩んでみたいし、今後移籍をするにしても、これまで日本人選手がプレーしたことのないチームに行ってみたいと思ってます。もちろん縁《えん》やタイミングにもよるので、どうなるかわからないですけどね。

発言やオーラにしても、人と違《ちが》う色をもっともっと出していきたい。誰かをマネるようなことはいやだし、これからも自分らしさだけは追求していきたいと思ってます。

週刊プレイボーイ（2018年11月19日発売）「堂安律の最深部」

第2章

# どん底から見えた光

## 日本代表のエースになりきれなかったアジア杯。「堂安がおらんかったら勝てなかった」という試合はひとつもなかった

2019年2月1日。俺たち日本代表はアジア杯決勝でカタールに1-3で敗れた。準優勝という結果はあまりにも悔《くや》しすぎた。

俺は大会前から優勝しかないと言っていたし、それ以外の結果は全部一緒《いっしょ》だと思っていた。決勝で負けるのはベスト4やグループリーグで敗退する以上に悔しいし、自分に対するもどかしさや恥《は》ずかしさしかなかった。「優勝させるのは俺だ」という気持ちで大会に臨みながら、「堂安がおらんかったら勝てなかった」という試合はひとつもなかった。経験や成長のために行ったわけではないし、優勝できなかったのは自分の責任だと痛感している。

カットインからのシュートは自分の特徴《とくちょう》だし、「俺には一発がある」と信じていたけど、その一発がなかなか出せなかった。大会を通じて自分を表現できたかといえば、できなかったし、なにを言われても反論できない。よく敗戦から学ぶこともある、という言葉を聞くけど、俺は勝つことで学ぶことのほうが多いと信じている。

ピッチに立った選手は、周りが思っている以上に悔しい思いをした。俺は口先だけで「悔しい

からがんばります」とは絶対に言いたくない。ピッチで得た課題やストレスはピッチで解決し、発散するしかない。それができるのはプロサッカー選手のよさだし、そのチャンスはこれからたくさんあると信じて、前を向くしかなかった。また堂安律らしく大口を叩《たた》けるように努力していくしか、俺に道はなかった。

準決勝のイラン戦もチームとしていい戦いができていた。その戦いが決勝に影響《えいきょう》したという報道も当時あったけど、それは違《ちが》う。別にイランに勝ったからといって、あの時点で優勝した気になんてなっていなかったし、気の緩《ゆる》みがあったわけでもない。単純に俺たちが実力不足で弱かったから負けた。それだけだ。もちろん、カタールは強かったし、個の能力も高かった。でも、カタール相手に点をとれなければ、W杯やCL《チャンピオンズリーグ》でゴールを決められるはずがない。俺も、日本代表も、このままではダメだ……。強烈《きょうれつ》な危機感を覚えた大会だった。

## 怒《いか》り、あせり、不甲斐《ふがい》なさ。価値観が変わるほど実感した「経験」の大きさ

アジア杯は長かったようで短かった。UAEはアンダー世代の大会でも何度か行ったことはあったし、気候などを含《ふく》めて環境面《かんきょうめん》はすべてが想定内で、特に驚《おどろ》くことはなかった。ただ、大会期間中は移籍《いせき》期間という難しさもあった。俺はフローニンゲンからのステップアップを模索《もさく》していたから、アジア杯に集中しようとしても、心のどこかでそのことが気になってい

たのかもしれない。チームが勝ち進んでポジティブな雰囲気《ふんいき》の一方、自分のプレーに対していらだたしさを感じたり、怒《いか》り、あせり、不甲斐《ふがい》なさなど、いろんなものが混じった感情を抱《かか》えていた。

もちろん、ピッチでは迷うことがいちばんダメだと思っていたし、信念を貫《つらぬ》いてやるのが自分のよさだと思っているから、常に自信を持ち、「俺が必ずチームになにかをもたらすんだ！」という強い気持ちを持ってプレーしたけど、結果的にそれができなかった。

ひとりでホテルの部屋にいると、どうしてもサッカーのことを考えてしまい、夜になっても眠《ねむ》れないときがあった。だから、ひとりのときは両親や友達に電話したり、就寝《しゅうしん》するギリギリまで先輩《せんぱい》の部屋に行ったりして時間をつぶしていた。今思えば、メンタルが不安定すぎた。そんなヤツがプレッシャーのかかる決勝戦で活躍《かつやく》できるわけがない。

これまで俺はサッカーに年齢は関係ないと思っていたし、目に見えない「経験」というものを信じていなかったけど、そうした価値観を変えられた大会にもなった。簡単に言えば、ベテラン選手の偉大《いだい》さを肌で感じた。

初戦のトルクメニスタン戦は前半を0－1でリードされて折り返し、ハーフタイムにベテランの選手たちから、「やれや、おまえら！」と喝《かつ》が入るものだと思っていた。でも、（吉田《よしだ》）麻也《まや》くんや（長友《ながとも》）佑都《ゆうと》くんたちは「大丈夫、大丈夫」と余裕《よゆう》そうな雰囲気で構えていた。本当は彼らもあせっていたのかもしれないけど、俺たち若手にそういうところをいっさい見せず、逆に安心させてくれた。それこそ経験値からくるものだろうし、経験を積むことの価値に気づかされた。

アジア杯は親善試合とは異なり、トーナメントに入れば負けたら終わり。世代別の代表とは注目度も違《ちが》うし、緊張感《きんちょうかん》やプレッシャーも大きかった。1か月以上も一緒《いっしょ》に戦うと、どうしてもメンバーのことが好きになってしまうし、「負けたらこのメンバーで戦うのは最後かな」と寂《さび》しい気持ちが出てきたりもする。だからこそ、勝っていい思い出にしたかった……。

## 背番号7を託《たく》された欧州挑戦《おうしゅうちょうせん》2年目の苦悩《くのう》。「このまま俺は終わってしまうんじゃないか……」

欧州挑戦2年目のシーズンは苦しかった。背番号7を託された俺は絶対的な中心として、フローニンゲンの攻撃《こうげき》を一手に担ったが、とにかくゴールから見放されたシーズンだった。PK失敗だけでなく、シュートがバーやポストに嫌《きら》われるシーンが何度もあった。チームも第10節までわずか1勝にとどまり、最下位に沈《しず》むこともあった。

あのときは正直苦しかったけど、「この経験は絶対に無駄《むだ》じゃない」と自分に言い聞かせながらやっていた。「今ほどチームのド中心としてプレーできることはそうない」「20歳でこの厳しい状況《じょうきょう》を経験できているのはラッキーだ」と、この状況が少しでも自分を成長させてくれるだろうとポジティブにとらえていた。

中心選手になったからといって、結果が出ないチーム状況《じょうきょう》を深刻に考えすぎると、自分のプレーはできない。プロである以上、チームが勝つことがいちばんだけど、海外に来てから持ち続けている「個人の活躍《かつやく》がいちばん。それがチームのためにもなる」という考え方を変えてしまってはダメだと思っていた。

アジア杯が終わってからはメディアに調子が悪いと言われていたけど、「そんなことない。全然いいだろ」と現実を受け入れることを拒否《きょひ》し、勘違《かんちが》いしている自分がいた。ちょうど1年前は、フローニンゲンで結果を出さないとガンバに逆戻《もど》りになってしまうという崖《がけ》っぷちの状況だった。その後、日本代表にも招集されるようになり、常に緊張感《きんちょうかん》を持って取り組まないといけない環境《かんきょう》が続いたからこそ、なんとかやれていたんだと思う。

でも、日本代表にもコンスタントに呼ばれていれば、自分では気がつかないうちに慣れも出てくる。オランダ国内での評価もそれなりに上がり、移籍《いせき》のウワサがいくつも飛び交っていたから、「冬にステップアップできるだろう」と甘《あま》く考えていた。人間はやっぱり危機感がなくなると成長できないということを痛感した。

そういうことにようやく気づいたのは、2019年3月30日の第27節AZ戦だった。ドリブル、パス、シュート、なにをやってもうまくいかない。言い訳のしようもないほど、シーズンワーストのパフォーマンスだった。試合後には「このまま俺は終わってしまうんじゃないか……」と、怒《いか》り、あせり、危機感がつのった。サッカーではなにをしてもうまくいかない時期は必ずある。できることをすべてやって点がとれないなら、しょうがない。でも、俺は本当にすべてやり切っているのか――。AZ戦は自分と向き合い、「目を覚ませ!」と怒鳴《どな》りつけるいいきっかけになった。

「アジア杯の反省はなんだったんだ!」と自問自答した。高い意識でやってきたつもりだったけど、なにかを劇的に変えたわけじゃなかった。フローニンゲンの中心選手で満足するなら、別にこのままでもいい。でも、俺の目標はそこじゃない。もっと高みを目指すべく、もう一度、すべての行動をサッカーに向けていく決意を固めた。

これまで以上にサッカーを突《つ》きつめて考えるようになった。試合後、リカバリーだけの予定だったのにサブ組の練習に混じってシュート練習したり、オフでジムに1時間行くところをピッチ練習に変えたり、トレーニングの質や強度を意識的に高めた。ただ、練習量を増やすのは限界があるし、これまでも100%でやってきたという自信があった。

アジア杯のあとに日本に置き忘れてしまい、しばらくサッカーノートを書いていなかった。久しぶりに読み返したら、1年前にどれだけ高い意識でやっていたかがわかった。「この1年間、意識を高く持ってやってきたからこそ、ここまで来れたんだ」と自信になったし、頭がクリアになった。ハングリーな気持ちを取り戻《もど》せた。サッカーノートには、自分に話しかけるように、「調子に乗るな」「もっと謙虚《けんきょ》に」など、思ったことを正直に書き留めている。

3月の日本代表活動であらためて感じたのは、みんな技術は高いし、その差はほんの少しだということ。でも、それぞれ結果が違《ちが》うのはなぜかといえば、やっぱりメンタルの違い。香川真司《かがわしんじ》くんのように長くトップレベルでやっている選手たちは、1回のトレーニングにしても、1回の食事にしても、すべての行動がピッチに向いていると実感させられた。

なかなかゴールを決められなくても、ピッチのなかでうまくなっている感覚はあったし、いつか運がめぐってくると思っていた。ただ、それを待っているだけではしょうがない。自分からつかみにいく必要があった。のどが渇《かわ》いたときにジュースじゃなくて水にするとか、寝《ね》る時間を少し早めるとか、日々のちょっとした行動で少し先の未来が変わっていくと信じていた。

## 4か月も無得点。ゴールに取り憑《つ》かれ、運がめぐってこなかった

アジア杯が終わってから、4か月近くも点がとれなかった。ここまでゴールから遠ざかったの

は生まれて初めてだった。調子はむしろ、ずっとよかった。監督《かんとく》を含《ふく》めて、得点以外のプレーを評価してくれる人もいた。でも攻撃《こうげき》の起点になってチームの勝利に貢献《こうけん》したからいいとは、まったく思わない。逆に調子が最悪でも、とにかく点をとったらＯＫ。結果がすべて。海外に行ってから、そういう考え方に変わった。日本にいるときはアシストにも美学を感じていたけど、まったく魅力《みりょく》を感じなくなっていた。

どんなにいいプレーをしていても、ラスト10分で代えられて、途中《とちゅう》から出た選手が後半ロスタイムにゴールを決めたら、そいつが次の試合に出る。そういう世界でやっていたら、内容がよかったなんて言っていられない。海外に行って現実を思い知らされた。俺が目指しているのは、ピッチにいる22人のなかでいちばん輝《かがや》いている選手だから。やっぱりゴールがいちばん評価されるし、単純にいちばん目立つ。「アタッカーとして生き残るためにはゴールしかない。それで周りを黙《だま》らせるしかないんだ」という意識が強かった。

アジア杯で結果を出せなかったことで、そこからはゴールを決めたいという野心ばかりが大きくなりすぎてしまった。「もっと貪欲《どんよく》に点をとらないと」という気持ちが強すぎて、数的有利な状況《じょうきょう》でも、フリーの味方にパスを出さない場面が何度もあった。ゴールに取り憑《つ》かれて頭でっかちになり、心と体のバランスが崩《くず》れていた。

空回りした気合はプレーにあらわれる。シュートを打つときに肩《かた》に力が入ってしまい、ボールをインパクトし切れない。GKと1対1になってもゴールの隅《すみ》を狙《ねら》えず、置きにいって甘《あま》いコースにしか蹴《け》ることができない。得点を意識するあまり、丁寧《ていねい》に蹴ろうと無意識に体が反応してしまい、消極的になってしまっていたんだと思う。

海外に行ったばかりのころはもっと気楽に構えて、「チームのためにがんばろう」という意識が強くあった。ゴールに対する執着心《しゅうちゃくしん》はあっていいと思うけど、それに固執《こしつ》しすぎると自滅《じめつ》してしまうのだ。

フローニンゲン2年目のシーズン終盤《しゅうばん》はもう開き直っていた。「どれだけチームメイトがミスしてもポジティブに鼓舞《こぶ》して、俺が引っ張ってやろう」という意識でがむしゃらにプレーした。その成果が出たのが、2019年5月12日の第33節フォルトゥナ・シッタート戦での会心のミドルシュートだった。打った瞬間《しゅんかん》に、「おっ!」と思ったのは初めてかもしれない。パンチ力、一発の振《ふ》りは誰《だれ》にも負けない自信がもともとあったけど、「サッカー選手としての俺の強みはやっぱりこれなんだ」とあらためて感じさせてくれるゴールだった。

この4か月はゴールのことばかり考えて、守備をサボることもあった。でも、やっぱり楽して決めようとしても、結局、ダメ。みんなが守備をしているときに、「ラッキー。カウンターに備えておこう」と前線に残っても、なぜかボールは転がってこない。しっかり守備に戻《もど》って、カウンターで必死に走るからこそ、おいしいところで運がめぐってくるんだと思う。

海外挑戦《ちょうせん》2年目は学びが多かった。日本代表での活動も加わってタフなシーズンだったけど、言い訳するつもりはない。ゴール前の最後の部分で踏《ふ》ん張れず、ペナルティーエリア内での質が落ちた。それまでの1年半くらいは、「調子が悪くても、シュートを打ったら入る」という感覚をずっと持っていた。

組み立てがうまいとか攻撃の起点になれることも大事だけど、それ以上にゴール前での質が求められる時代だからこそ、そこを突《つ》きつめなければヨーロッパで生き残っていけない。そういうことを思い知らされた1年でもあった。

## 周りの見る目を変えた、PSV初ゴール。「サッカー選手はオン・ザ・ピッチがすべて」

2019年8月。PSVアイントホーフェンへの移籍《いせき》が決まった。その直前、海外挑戦2年目のシーズンが終わったタイミングで、俺はステップアップへの決意をこう明かしていた。

今は次のシーズンに向けて非常に楽しみな部分が大きいです。もう1回、初めて海外移籍した2年前の新鮮《しんせん》な気持ちを思い出して、フレッシュな状態で臨みたいです。この2年間でやっとスタートラインに立てたと思う。これからヨーロッパのトップの舞台《ぶたい》で戦っていくための準備ができたし、もう1回ゼロから始めるって気持ちでやらないとどこかで足をすくわれると思うんで。

この半年でぶち当たった壁《かべ》も、自分にとって意味があると思っています。だからこそ、もっと成長したいし、そのためにとにかく環境《かんきょう》を変えたい。ひと言じゃ言いあらわせないけど、いちばん厳しい環境でいちばんうまくなるチームを選びたいなと思ってます。レギュラーが保証されていないような環境で、毎日の練習が刺激的《しげきてき》なチームでやりたい。もちろん試合に出てなんぼの世界なんで、試合にも当然絡《から》んでいきたい。

東京五輪やW杯予選があるからといって、安定した環境でプレーしたいという意識はまったくないんで。とにかく勝負したくてしょうがない。新シーズンはリーグ戦で2ケタとりたいですね。

週刊プレイボーイ（2019年7月1日発売）「堂安律の最深部」

その前年、2018年の夏にはロシアのCSKAモスクワからオファーをもらったけど、結局、フローニンゲンに残った。あのときは「フローニンゲンのためにまだ1年しか働けていない」という気持ちが強くて、オランダでの2年目に向けて気持ちを切り替《か》えることができた。

今回は一刻も早く環境を変えたかった。常にステップアップしたいと公言してきたからプレッシャーもあった。「もしも、ＰＳＶの移籍《いせき》が破談になっていたら、自分はどんな行動に出ていたんだろう」と考えるとゾッとする……。今振《ふ》り返ると恐《おそ》ろしい。

ただ、今だから言えるけど、移籍先としてはＰＳＶがいちばんの目標ではなかった。正直、オランダを出て勝負したかった。もし、あのタイミングで「プレミアリーグか、ＰＳＶか」と言われたら、間違《まちが》いなくプレミアを選んだと思う。でも、ＰＳＶには18歳のころにもオファーをもらっていて縁《えん》があったし、話を聞いていくなかでどんどん魅力《みりょく》を感じた。こうしてまた話をもらえたのはすごく光栄なことだった。

シーズン開幕後の移籍だったし、すぐに日本代表の試合もあったから、ＰＳＶに合流できたのは9月10日ごろ。そこから移籍後初ゴールが生まれるまでに3週間近くかかった。

ＰＳＶにはいい選手がたくさんいるから、自分が無理をしなくてもシンプルに味方にボールを預けるほうがチャンスをつくれる。だから、最初は消極的なプレーが無意識に増えてしまった。でも、それは俺らしくない。なによりもそんなんじゃ楽しくない。

これまでの2シーズンと同じ感覚で、「周りに頼《たよ》れるヤツは誰《だれ》もいない。俺がやるしかない」という気持ちでやらないと、アグレッシブさに欠けるプレーになってしまう。そのことに俺は早い段階で気づくことができた。フローニンゲンでの2シーズンは、自分と感覚の合う選手が少ない状況《じょうきょう》でサッカーをしてきた。ただ、それでもやれるところを見せてきたからこそ、ＰＳＶへの移籍《いせき》が実現したんだと思う。フローニンゲンでエースとしてチームを引っ張るという経験ができたのは、ものすごく大きな財産だった。

9月29日の第8節ズウォレ戦で移籍後初ゴールを決めて、周りの見る目が明らかに変わった。客観的に見れば、なにも違《ちが》わないかもしれないけど、練習中にひしひしと感じる。点をとったあとの周りの反応を見ていると、結局、サッカー選手はオン・ザ・ピッチがすべてで、そこで結果を出すことに尽《つ》きるんだと思わされた。

## 90分間ベンチに座る屈辱《くつじょく》。プロサッカー選手としていちばんつらい瞬間《しゅんかん》

移籍から2か月近くがたち、先発で出ることが増えた。でも、メンタル的には移籍直後から変化はなかった。楽しさと緊張感《きんちょうかん》が半々。「次の試合で人生が変わるかもしれない。プロフェッショナルとしてしっかり緊張感を持って戦おう」という気持ち。いい状態を保てていたと思う。

でも、シーズン前半戦の最後に監督《かんとく》が代わり、シーズン後半戦では出場機会が激減した。ケガやコンディション不良でもないのに、90分間ずっとベンチに座り続けるのは久しぶりの経験だった。同年代の若い選手たちが活躍《かつやく》している姿をベンチから見るのは、プロサッカー選手としていちばんつらい瞬間だ。試合が終わってロッカールームに戻《もど》ったら、ユニフォームが汚《よご》れている選

手と、きれいなままの選手がいるわけだから。悔《くや》しくてたまらなかった。

そのころボランチで使われることはあったけど、俺はやっぱり右ウイングかトップ下で勝負したかった。そのポジションをやらざるをえなかったけど、コンバートする気はさらさらなかった。「俺は右ウイングかトップ下で勝負するんだ」という強い意志や姿勢を監督にも示していたし、そのための努力も積み重ねてきたから。

正直、ストレス発散のために遊びに行きたいと思う気持ちもあったけど、「一瞬《いっしゅん》の感情に流されてしまうのは先々のことを考えると絶対にアウトだ」と自分に言い聞かせていた。とにかく、この現実と向き合うしかないと頭ではわかっていても、自分に対する腹立たしさと不甲斐《ふがい》なさでなかなか冷静になれなかった。

## コロナ禍《か》で考えたこと。「全世界のアスリートが練習できないからこそ、ここで差をつけてやる」

「さあ、もう一度、レギュラーを奪《うば》い返すぞ」と意気込《いきご》んでいた矢先の2020年3月。新型コロナウイルスが世界的に大流行してしまった。「サッカー選手はこの状況《じょうきょう》でなにもできない」という無力さを強く感じたのを覚えている。

自宅待機中はチームから配られたプログラムや器具を使って、ひとりでトレーニングを続けた。「いつもの練習よりもきついんちゃう?」というくらい負荷の強い運動を繰《く》り返した。連日ボールを使わず、フィジカルトレーニングだけをするのはジュニアユース以来だった。

あれだけの期間、サッカーができなかったのは前代未聞だ。でも、嘆《なげ》いてもしょうがない。試合がない分、体が壊《こわ》れるくらいきつめにやっても問題なかった。全世界のアスリートが満足に練習できないからこそ、「ここで差をつけてやる」という意識で自分を追い込《こ》み続けた。

なんのためのトレーニングかといえば、もちろん未来の自分のため。でも、それが明日生きてくるのか、1年後に生きてくるのか、5年後に生きてくるのかはわからない。それでも信じてやるしかない。本当に時間は足りないし、やりたいことだらけ。「俺だけ1日30時間くらいあったら……」と思うこともあるけど、時間はみんなに平等に与えられているもの。時間をうまく使って少しずつ積み重ねていき、トップの選手たちに追いついて追い越《こ》すしかない。

結局、リーグ戦は打ち切りになってしまったけど、しばらくしてチーム練習が再開された。プロになって大きなケガをしたことがなかったから、何か月もピッチを離《はな》れる経験は初めてだった。またみんなでボールを蹴《け》れる幸せを噛《か》みしめた。まるで少年に戻《もど》ったかのように笑い合うチームメイトの顔が今でも忘れられない。

ＰＳＶ1年目は予測もしない事態になり、不本意なカタチで終わった。コロナの影響《えいきょう》でシーズンが打ち切りになり、Ｗ杯予選も延期になったことでプレッシャーから解放されたからなのか、俺はこのタイミングで、自分のプレーや置かれている状況《じょうきょう》を冷静に見つめ直すことができた。

日本代表を優勝に導けなかった2019年のアジア杯から、ＰＳＶで思うように出場機会を得られなかった2020年までの約1年半は、完全に自分を見失っていた。「やってやる！」という強い気持ちを前面に出しすぎて空回りし続けた。結果が出ないから、余計にあせって前のめりになり、本来の自分のプレーができなくなる。そんな悪循環《あくじゅんかん》にハマっていた。

もっと自分に正直に、肩の力を抜《ぬ》き、心と頭と体のバランスを取らなきゃいけない。自分を俯《ふ》瞰《かん》して、「自分で自分を理解している」という状態を貫《つらぬ》き通せていなかったからこそ、パフォーマンスが安定しなかったんだと思う。

ただ、俺の最大の特徴《とくちょう》は気持ちの強さだ。それを失っては意味がない。フローニンゲン1年目のころは「結果を残さないと日本に帰るしかない」という覚悟《かくご》があった。今もハングリー精神は失っていない。そういう熱い気持ちを持ち続けながらも、頭のなかは冷静でいること――。トップ選手は自然とそういうメンタルを保てているから、調子の波が少ないんだと思う。わかっていたつもりだけど、失敗を経験するなかで俺はようやくその感覚をつかめた。

海外挑戦《ちょうせん》4年目となる次のシーズンに向けた意気込《いきご》みを、俺はコラムでこうつづった。

今年で海外に来て4年目。1年目で結果を出して、2年目で日本代表に選ばれて、3年目でPSVに移籍《いせき》しましたけど、これまでの各シーズンを総括《そうかつ》したら、それぞれものすごくタイトルをつけやすいと思うんですよね。このまま成長曲線を横ばいにするつもりはないので、今年はもうひと皮むけて、突《つ》き抜《ぬ》けるシーズンにしたいなと思います。4年目のタイトルは「進化」でお願いします。

週刊プレイボーイ（2020年8月24日発売）「堂安律の最深部」

## 人生でいちばん大きな決断だったビーレフェルト移籍。すべてを投げ捨てて、成り上がるために腹をくくった

2020年9月。コロナ禍《か》で迎《むか》える異例のシーズンを前に、俺はドイツ・ブンデスリーガのアルミニア・ビーレフェルトへのレンタル移籍を決めた。客観的に見れば、ヨーロッパでは名の知れたPSVというビッグクラブに22歳で所属しているのに、それをすべて投げ捨てて、12年ぶりにブンデス1部昇格《しょうかく》を果たした小さなクラブにあえてチャレンジするのはリスクがある。誰《だれ》も

が想像していなかったサプライズな移籍だったと思う。

あの夏、PSVはドイツ人のロガー・シュミットを新たに監督に迎えて、新チームとして始動した。「絶対にレギュラーの座をつかむ」と意気込み、プレシーズンに臨んだ。しかし、開幕が近づいたころ、「右ウイングのファーストチョイスではないようだ」と代理人から伝えられた。高いモチベーションでトレーニングに励《はげ》み、コンディションも上がってきていたところだったから、どん底に突き落とされた気分だった。

俺は出場機会を最優先に考えて、必要としてくれるクラブを探した。そこで手を挙げてくれたのがビーレフェルトだった。「ここでダメなら、もうサッカーをやめるしかない。もう俺には失うものなんてないんだ」という覚悟《かくご》だった。

もちろん、ずっと言い続けているCL《チャンピオンズリーグ》優勝という夢を逆算して考えると、PSVにいたほうがよかったかもしれない。PSVで大活躍《かつやく》できれば、さらに上のビッグクラブへの道が切り開かれるから。それはまさに教科書どおりのステップアップの仕方だけど、自分のなかではそのイメージがなかなか湧《わ》かなかった。

正直、PSVではフローニンゲンのときみたいなプレーができるイメージを持てなかったし、なぜかフィーリングが合わなかった。またその試行錯誤《さくご》が続くのかと考えたら、もう一度環境《かんきょう》を変えてハングリーな状況《じょうきょう》で夢に向かって進んでいったほうが、一見遠回りかもしれないけど、案外近道なんじゃないかとも思えた。原点に戻《もど》って、「どうしたら自分はサッカーがもっとうまくなれるか?」と、子供のような純粋《じゅんすい》な気持ちで考えたうえでの決断だった。

ビーレフェルトへの移籍《いせき》は誰《だれ》にも相談せず、自分で決めた。周りの人に多数決をとったら、「PSVに残ったほうがいい」という意見が多くなるのはわかっていたから。もしかしたら、人生でいちばん大きな決断だったかもしれない。順風満帆《じゅんぷうまんぱん》じゃないサッカー人生なのが俺らしい。

俺はすべてを投げ捨てて、成り上がるためにドイツに来た。もう腹をくくった。プライドもゼロ。なにも隠《かく》すものはない。そんな燃えたぎる反骨心が、「なにがなんでも1部に残りたい」というビーレフェルトの思いと呼応する予感がしていた。

## ドイツで踏《ふ》み出した大きな一歩。子供のように目をギラギラさせて、魂《たましい》でサッカーをやれている

2020年9月19日、フランクフルトとの開幕戦。正直、始まるまでは不安で怖《こわ》かった。「大丈夫か? ドイツに来て俺は終わってしまわないか?」という思いもあった。しっかり化けるた

めに、吹《ふ》っ切れて前向きにプレーしようと思ってドイツに来たのに、PSVのころと同じような消極的なプレーをしてしまうんじゃないか……。そんなことも頭をよぎった。

でも、開幕戦では、バックパスではなく、前を向いてドリブルする本来の俺の姿を見せることができた。やっぱり5本中5本バックパスして、パス成功率100％よりも、5本中1本ビッグチャンスをつくるパスを出せたほうがおもしろい。メンタルからなにから、すべてを変えるためにドイツに来た。ビビらずにプレーできて、心底ほっとした。

前に向かってプレーしたいと思っても、なかなか意識だけでは変わらないもの。それで変わるんだったら、PSVにいたころからすでに変わっていたはずだ。もしかしたら、「ゴールやアシストよりも、俺をひろってくれたこのチームをとにかく勝たせたい」という一心でプレーしたから、自分の能力が引き出されたのかもしれない。

そんなことを試合中に感じたからこそ、試合後に「自分の身を削《けず》ってでも、チームの勝利に貢《こう》献《けん》したい」という言葉が自然と出てきた気がする。俺はそういうモチベーションのほうがいいプレーができるんだと思う。

フローニンゲン1年目は勝ちたい一心でプレーしたから結果を出せた。でも、2年目になると少しずつ評価され、ゴールやアシストという色気が出てきた。だから、チームが負けても悔《くや》しくなかった。「1－2で負けても自分がゴールを決められればそれでいい」と思っていた。でも、サッカーはそういうスポーツじゃない。そんなモチベーションじゃ結果は出ないんだ。

ビーレフェルトは12年ぶりに2部から1部に昇格《しょうかく》したばかりの小さなクラブだから、「毎試合、ジャイアントキリングを起こしてやる！」というモチベーションでみんなが戦っていた。俺もその思いに乗っかって、ただただサッカーがもっとうまくなりたい一心で無我夢中だった。

子供のように目をギラギラさせて、魂《たましい》でサッカーをやれているという実感があった。PSVでぶつかった壁《かべ》を越《こ》えるためには、なにかを大きく変えなくちゃいけないんだ。大きな一歩を踏《ふ》み出せた気がした。

## ブンデスリーガ初挑戦《はっちょうせん》で取り戻《もど》した、堂安律らしさ。「妄想《もうそう》ドリブル」が生んだ狙《ねら》いどおりの一発

ドイツに来てからサッカー人生をかけて磨《みが》き直したのは、積極的なドリブル突破《とっぱ》だ。もともと仕掛《しか》けには自信があったけど、PSV1年目でその感覚が狂《くる》ってしまった。どうにかして、本来の自分を取り戻したかった。DFと1対1になったらドリブルで抜《ぬ》ける自信が開幕戦で持てたことで、その状況《じょうきょう》をつくるための駆《か》け引きを意識して研《と》ぎ澄《す》ますことができた。

たとえば、右サイドに張って足元でボールを受けてターンしたら、相手の左サイドバックとセンターバックの2枚を相手にする、1対2の数的不利な状況になることが多い。だから、いかにフリーランで左サイドバックの背後を取って、そこからセンターバックとの1対1の勝負に持ち込《こ》めるかがカギを握《にぎ》る。その状況をいかにつくり出すことができるか。これからのサッカー人生において、ものすごく大事な感覚を得ることができた。

ドイツはオランダと比べてスペースが空くから、球際は格段に激しいけど、個人的にはものすごくやりやすかった。「相手選手をひとりかわせば、次のふたり目の選手にも捕《つか》まらない」という感覚があった。1対1でマッチアップしている選手をはがせれば、一気にビッグチャンスになる。自分本来の積極的な仕掛けがしやすい環境《かんきょう》だった。

第4節バイエルン戦で決めたブンデス初ゴールは、象徴的《しょうちょうてき》なシーンだった。カウンターで自《じ》陣《じん》からトップスピードで駆け上がり、寄せてきた相手ボランチをドリブルでかわして縦に突破し、対峙《たいじ》していた相手DFの股《また》を開かせて右足で流し込んだ。

ビーレフェルトに来てからは仲のいいアシスタントコーチと、全体練習後にふたりでシュート練習をよくやっていたけど、まさにそのカタチだった。頭のなかで相手DFのイメージをふくらませ、マーカーも置かずにドリブルする。そんな「妄想《もうそう》ドリブル」を繰《く》り返し練習していた。

だいぶ前に宇佐美《うさみ》くんがテレビでやっているのを見て、いいトレーニングだと思っていた。PSVだと毎日の練習がきつくて、居残り練習がなかなかできなかったけど、ビーレフェルトでついに試すことができた。宇佐美くんは「世界一強いDFを妄想するから全然抜《ぬ》けない」と言っていたけど、俺が妄想しているDFはけっこう簡単に抜けちゃう。そんなイメージトレーニングがあのバイエルン戦のゴールを生んだ。

あのゴールシーンでは、ドリブルと右足シュートばかりが注目されたけど、個人的に手応えをつかんだのは、長い距離《きょり》をスプリントできたところ。自陣《じじん》から30m、40m走ってボールを受けたけど、あれはまさに自分が追い求めているプレーだった。個人トレーニングで走り方を教わっている杉本龍勇《すぎもとたつお》さんからもホメられた。スピードは自分の課題だと数年前からわかっていて、それを克服《こくふく》するためのトレーニングもずっと前から取り組んできた。

ようやくプレーに反映されてきたからこそ、「1年半前に言われていたのって、そういうことだったのか!」と、トレーニングの意味も理解できるようになった。逆に今やることで1年半後の未来が変わることも理解している。目先のことだけやっても結果はすぐ出ない。そんな意識を持ってサッカーに集中することができるようになっていった。

## 常に自然体で試合に臨めたシーズン後半戦。「なにかできる」という感覚がずっとあった

ビーレフェルトで戦うと決めたとき、「ここでダメなら、もうサッカー選手として終わり」という覚悟《かくご》を固めていた。リスクをおかして戦った分、リターンも大きかった。すべてに満足はしていないけど、本来あるべき自分の姿を取り戻《もど》せた。行く前は「ビーレフェルトって、どこ?」という声が多かったけど、「ドイツに行って正解だった」と大半の人が言う環境《かんきょう》をつくり出すことができたのは、ほかの誰《だれ》でもない自分のおかげだ。

この1年で90分を通したマインドセットがうまくなった。今までは「試合を通して仕事をしていなくても、ひと振《ふ》りでゴールを決めればいい」と思っていたけど、「自分のプレーができれば、必ずチャンスは来る」という確固たる自信がついた。調子がいいのに何試合もゴールから遠ざかったこともあった。でも、「このプレーを続ければ自然と点はとれる」といろんな人から声をかけてもらえたことで、常に自然体で試合に臨めるようになった。

シーズン前半戦は勢いだけでやっていたけど、次第に整理できるようになった。「調子がいいときはこういう感覚やな」と脳や体で覚えてうまく体現できるようになったのが、縦への突破《とっぱ》か

ら右足でゴールを決めたシーズン前半戦最後の第17節シュトゥットガルト戦。第4節バイエルン戦でも同じようなカタチで決めたけど、あのときはギャンブル的に成功しただけだった。でも、シュトゥットガルト戦では、すべてを把握《はあく》したうえでできた。

シーズン後半の第23節ドルトムント戦あたりで、少しコンディションを落としたけど、うまく持ちこたえられた。その後、監督《かんとく》交代から2試合目の第20節ブレーメン戦で、もう一度、ハングリー精神を取り戻《もど》して、シーズン前半戦のようなプレーができた。そこからは「ボールを持てば俺はなにかできる」という感覚がずっとあった。調子のいい悪いは関係なく、脳がすっきりとクリアになっているから、練習でもボールが来たらいろんなアイデアが浮《う》かぶようになった。

## 無我夢中でひと皮むけた1年。「自分が楽しくなかったら、見ている人も楽しくないんやな」

シーズン最終節のシュトゥットガルト戦に負ければ降格の可能性もあったなか、チーム一丸となって戦った。そして、俺が勝利を決定づけるゴールをぶち込《こ》み、ビーレフェルトを1部残留へと導いた。残留争いはなかなか経験できないこと。俺がこのチームに来て、「2部に落とした」と言われるのはいやだったし、開幕前からの目標を成し遂《と》げることができて幸せだった。シーズン終盤《しゅうばん》は緊張感《きんちょうかん》もあったけど、逆にその環境《かんきょう》を楽しむこともできた。

終わってみれば、リーグ戦全34試合出場。チームの絶対的な中心として、プレーしやすい環境に身を置かせてもらえた。結果的に自分のよさでもある積極的な仕掛《しか》けをよみがえらせることができた。ビーレフェルトが俺に自信を与えてくれた。チーム全員で格上の相手を倒《たお》しに行くのは、フローニンゲンと似ていたかもしれない。どちらもリーグではチャレンジャーの立場だからこそ、「失うものはなにもない」という気持ちでのびのびとプレーできた。その環境がこのときの俺にはものすごくマッチしていたと思う。

チームメイトのことはみんな大好きで関係性も完璧《かんぺき》だった。わずか9か月しか在籍《ざいせき》していなかったとは思えない。もっと長くいたような気がしてならない。だから、シーズンが終わったときは寂《さび》しかった。こんな気持ちは今まで所属したどのチームでも感じたことはなかった。コロナ禍《か》でシーズンを通して無観客開催《かいさい》だったけど、1試合でもいいからビーレフェルトサポーターの前でプレーしたかった。それが唯一《ゆいいつ》の心残りだ。

シーズンが進むにつれて、家族や友達から「律の試合を見るのが楽しい」「チームがなかなか勝てなくても、律がボールを持ったら楽しみやわ」と言われるようになった。「やっぱり自分が楽しくなかったら、見ている人も楽しくないんやな」と感じたし、サッカーを楽しむという原点を思い出した。ビーレフェルトでの1年が堂安律をひと皮むかせてくれた。

# ケガとの付き合い方

## プロサッカー選手は常に痛みを抱《かか》えながらプレーしている

これはすべてのプロサッカー選手に言えることだけど、長いシーズンをほぼ休みなく戦っている以上、常に体のどこかしらに痛みや違和感《いわかん》を抱えながら、だましだましプレーしているものなんですよ。たとえば痛みのレベルが5くらいのケガをしても、それが10になるようなものじゃないと感覚的にわかっていて、5の状態をずっとキープできるなら、だましだましやれるんです。もちろん肉離《ばな》れみたいに、しっかり休まないと6、7、8とどんどん悪化しかねないケガの場合は無理するべきじゃないですけど。

実際、多少の痛みや違和感を抱えていても、ドクターに言わずに自分で痛み止めを飲んでプレーする選手も多いんですよ。それでも試合に出続けるのがプロサッカー選手のあるべき姿だと俺は思います。痛いものは痛いけど、「これくらいなら大丈夫や」と自分に言い聞かせて、ケガとうまく付き合いながら痛みを我慢《がまん》してやっているんです。

2021年2月15日のバイエルン戦で負傷退場（右膝《みぎひざ》内側《ないそく》側副靱帯《そくふくじんたい》の軽度の損傷）した2日後に紅白戦で復帰して、4日後のヴォルフスブルク戦で先発したけど、俺と同じ内側をケガしたことのある幼なじみから、「おまえの膝、どうなってんねん」って試合後に連絡《れんらく》が来ました（笑）。実は痛み止めを飲んで紅白戦をやったら、その薬が強すぎて胃腸が荒《あ》れちゃって……。だから、ヴォルフスブルク戦は痛み止めなしで出場したけど、案外やれましたね。

結局、メンタルなのかもしれないですね。俺は小さいころからオトンに「（患部《かんぶ》の周辺を）つねって痛かったら大丈夫や。大ケガやったら、つねっても感覚がなくて痛くないから」って教えられてきた。そういう昭和の根性論みたいなものが根底にあるんですよ。

## 痛いからこそ、「痛くない」と自分に言い聞かせる

「なんで休まないの？」ってけっこう言われました。でも、たった1試合で運命を変えるようなにかが起こるかもしれないわけで、そのチャンスを逃《のが》したくない。それが本音ですね。

もちろん、ケガをかばってプレーすれば、もっと大きなケガをするリスクもありますよ。だけど、たとえ90分ずっと調子が悪くても、3回だけボールが目の前に転がってきてハットトリックするかもしれないじゃないですか。試合に出ないとその可能性は0％。少し痛みを我慢すれば試合に出られるのにベンチから見ている、というのは俺のなかではありえない。

もちろん、休むことはプロアスリートにとってトレーニングのひとつだし、大事な選択肢《せんたくし》だと思います。今は医学的なデータをもとにコンディション管理もしますけど、個人的にプロとしていちばん大事なのは根性だと思うんですよね。どれだけ痛くても、「いや、まだまだ大丈夫や」と気持ちを強く持つことで乗り越《こ》えられたりする。むしろ、痛いからこそ、「痛くない」と自分に言い聞かせるというか。

とにかく不安になるから、それを解消しようとして、家のなかでサッカーボールを痛くないようにそーっと蹴《け》ってみて、「よし、痛くない!」ってひとりで確認したりしますからね(笑)。もちろん、めっちゃ痛いですよ。バイエルン戦のあとも1週間くらいは痛みが続いたし、球際で相手と接触《せっしょく》しようもんなら、もう火が出るくらいの痛さ。でも、正直、検査したくなかった。だって、膝《ひざ》にダメージを負っていて、なにかがおかしいということは自分でわかっているので。とはいえ、手術とか1か月安静とかの大ケガではないことも自分がいちばんわかっている。「これくらいなら大丈夫かな」みたいな。案外できちゃうし、プロサッカー選手は常に痛みを抱《かか》えながらプレーしているので、そんなに重く考えないでください。

週刊プレイボーイ（2021年3月29日、4月12日発売）「堂安律の最深部」

# 第3章
# 逆境と自信

## 東京五輪への叫《さけ》び。「俺は言いますよ。絶対に開催《かいさい》してくれって」

東京五輪の開催が決まったのは中3の2013年9月だった。あの瞬間《しゅんかん》から俺は「日本のエースとしてこの大会で優勝する」という夢を胸に抱《いだ》き、サッカー選手としてのキャリアを歩んできた。育成年代のころから「東京五輪世代」と言われてきたから、同世代の選手はみんな、その自覚を持っていたと思う。奇跡《きせき》のような運命だと感じていたし、ずっと待ちわびてきた。

でも、神様は簡単に夢を叶《かな》えさせてはくれなかった。逆風が吹《ふ》いた。憧《あこが》れの夢舞台《ぶたい》はコロナの影響《えいきょう》で1年延期になってしまった。日本だけでなく、世界がひとつになって危機を乗り越《こ》えようとしていたけど、当時はいろんな人がいろんな思いを持っていた。ギリギリまで開催されるかわからず、俺はモヤモヤした気持ちを抱《かか》えていた。

2021年3月。コロナの感染拡大が一向に収まらず、東京五輪中止の意見も根強かった。聖火ランナーの辞退者も続出していた。当事者であるはずのアスリートが誰《だれ》も声を上げない状況《じょうきょう》に、俺は強烈《きょうれつ》な違和感《いわかん》を覚えた。いてもたってもいられず、批判も覚悟《かくご》で思いの丈《たけ》を連載《れんさい》コラムにつづった。タイトルは「東京五輪への叫び」だった。

## なんの信念もなく、「中止でいいだろ」と言われても納得できない

海外で生活しているので、東京五輪に関する日本の温度感はあまり感じ取れていないいんですけど、「東京五輪は中止でいい」という意見が日本で根強いことはもちろん知っています。ただ、ひとりのアスリートとして、あえてこれだけは言わせてください。

絶対に東京五輪を開催してほしい——。

コロナで延期になっても、この気持ちがブレることは一度もなかったし、どうしても譲《ゆず》れない俺の本音です。中3のころから憧れ続けた夢の舞台だし、そこで活躍《かつやく》するために必死でサッカーがうまくなるようにがんばってるんで。どれだけ世間にバッシングされても、「東京五輪に出たい」と俺はハッキリ言い続けますよ。

まだまだコロナは終息しないし、世間の風当たりが厳しいのもわかっています。でも、東京五輪に出ることを本気でイメージし、準備万端《ばんたん》でその日が来るのを今か今かと待ち続けている選手がいることを忘れてほしくないんです。

日本人選手が自国開催の東京五輪にかける気持ちはどれほどのものなのか。どれほど一生《いっしょう》

懸命《けんめい》なのか。そういう思いが世間に伝わっていないのはすごくもどかしい。

誰《だれ》も声を上げないなら、俺が言いますよ。「東京五輪めちゃくちゃやりたいです。やらせてください」って。別に世間にケンカを売っているわけじゃないですよ。コロナの状況《じょうきょう》もわかっていますから。でも、どうしてもこの気持ちは抑《おさ》えられないんです。


あと4か月でコロナを終息させることは不可能だけど、こういう状況でもなんとか開催《かいさい》するために最善を尽《つ》くしている人たちもいます。俺もできることはなんでもやりたいけど、選手としてはやっぱり、本番でいいパフォーマンスを見せることに尽きると思う。

オリンピックは単なるスポーツのイベントじゃない。プロアスリートとして、そのエネルギーや影響力《えいきょうりょく》を痛感するからこそ、「東京五輪なんか中止でいいだろ」となんの信念もなく言われるのは納得できないです。

## トップアスリートは意見をハッキリと表明する責任がある

SNSが発達しすぎて誰もが意見を言える時代だからこそ、世間の目を気にするのもわかるけど、アスリートはもっとストレートに自分の意見を言うべきだと思います。

自分の気持ちを表明しないで、お茶を濁《にご》した発言ばかりなのはおかしい。当事者のアスリートが本音を言わないとなにも始まらないですよ。

もちろん日本で活動しているアスリートはしがらみも多いだろうし、彼らには彼らの立場や意見もあると思う。でも、オリンピックに出るようなトップアスリートは自分の気持ちをうやむやにせず、ハッキリと表明する責任があると思うんです。

本音と建前の、建前ばかり言う人が多くてすごくもどかしいんですよ。世論に同調するようなことを言ってバッシングを避《さ》けている人が多いけど、本音はどうなんだと。「東京五輪を開催してほしい」という気持ちがあるなら、それを表明すればいいのに。

もし中止すべきだと思っていたり、開催することに対して葛藤《かっとう》があったりするなら、その意見をそのまま表明すべきだし、貫《つらぬ》き通すべきです。

中途半端《ちゅうとはんぱ》なことしか言わない人はどこかで保険をかけているし、世論に負けてしまっていると思う。「それってプロフェッショナルとして本当に正しいのか？」ということを問いたいです。

結局、「東京五輪を開催してほしい」と願う当事者はどうしたって少なくなるんですよ。それが今の世論にも反映されているんじゃないですかね。何事も反対意見のほうが圧倒的《あっとうてき》に強くなる時代だし、アスリートにしろ、世間の声にしろ、根本的に「1対9」という構図は一緒《いっしょ》なんだと思います。でも……だからこそ、俺は声を大にして、「東京五輪を開催してほしい」

と訴《うった》えたいんですよ。アスリートが本音を明かすことに意味があると信じているので。

もちろん、現段階で俺は東京五輪出場が確定しているわけではないですよ。でも、出る気満々です！　だって、自国開催《かいさい》のオリンピックに出られるチャンスが目の前にあるんですよ？　ネガティブな意見が根強いことはわかっています。でも、東京五輪は感動が生まれる夢の舞《ぶ》台《たい》なんですよ。ひとりでも多くの人にオリンピックの可能性を信じてもらいたいし、ひとりのアスリートとして、絶対に信じさせてみせます。

## 聖火ランナーの辞退者が多いなら俺がひとりで走りますよ

個人的な意見を言わせてもらうと、やるからには会場にお客さんを入れてほしい。今、Jリーグでもプロ野球でも、スタジアムの収容率に応じて数千人の観客を入れて開催していますよね？　世界の流れを見ても、5月末のCL《チャンピオンズリーグ》決勝では3万人以上の観客を入れる予定だし、これで東京五輪は無観客というのも納得できない。なにかしらの制限を設けてでも、観客は入れてほしいと思います。

1年延期になりましたけど、東京五輪が無事に開催されれば、多くのドラマが生まれますよ。世界中が注目するし、2021年の東京五輪は忘れられない大会になる。ピンチはチャンスって、このことですよね。もちろん延期にともなって、日本が背負うコストはかさんでいるけど、オリンピックはほかのスポーツイベントとは重みが違《ちが》いますから。
最近、スケジュールが合わないことを理由に聖火ランナーを辞退する人が増えていますけど、もし枠《わく》が空いていたら、ぜひ俺を指名してほしいですね。聖火ランナーですよ？　こんな名誉《めいよ》なことはないでしょ。東京五輪を少しでも盛り上げたいので、もし辞退する人が多いんだったら、600mでも800mでも俺がひとりで走りますよ！

週刊プレイボーイ（2021年3月15日発売）「堂安律の最深部」

## 誰《だれ》がなんと言おうと、東京五輪で活躍《かつやく》する自分を信じて疑わなかった

4月に組み合わせ抽選会《ちゅうせんかい》が行われ、日本は南アフリカ、メキシコ、フランスと同組になった。出場するのは16チームだから、強豪《きょうごう》がいくつか入るのはわかっていたし、驚《おどろ》きはなかった。メディアやファンに「死の組」と言われる意味がわからなかった。ビーレフェルトのチームメイトからも「完全にノーチャンス」とバカにされたけど、「ふざけんな！　誰が最初からフランスに負けると思ってんねん」と言い返してやった。

コロナによる逆風のなかでも、俺は常に東京五輪へのあふれんばかりの野心を燃え上がらせていた。夢舞台《ぶたい》で躍動《やくどう》する自分の姿をハッキリとイメージしていたし、誰《だれ》がなんと言おうと、その姿を信じて疑わなかった。世間的には東京五輪開催《かいさい》など夢物語だと思われていた2021年の正月に、東京五輪にかける思いを、子供のように無邪気《むじゃき》な心でこう打ち明けていた。

僕らの世代は海外でプレーする選手も多いし、チームとしての底上げもできていると思う。個人的にはA代表もたくさん経験させてもらって、東京五輪世代ではチームの中心という立場でやらせてもらっているからこそ、責任も強く感じます。

大会初戦のロッカールームで「やるべきことをすべてやったか？」って聞いたときに、全員が「イエス」って言えるような準備をしていきますよ。東京五輪ではたくさんの種目があるけど、「いちばん盛り上がったのはサッカーだった」と言わせたいし、「堂安が引っ張っていた」と言われるような活躍《かつやく》をしたい。

これまでずっと言い続けてきたとおり、目標は金メダルしかないです。戦う前から「銀メダルを目指す」って言うヤツはいないでしょ？　最初から負けるつもりじゃダメだし、やるからには優勝を狙《ねら》いたい。そうやって言い続けないと実現する可能性もなくなっちゃうので、僕は声を大にして言い続けますよ。

別にカッコつけて言ってるわけじゃないんです。ただただ勝ちたいだけで。自分のためにがんばるというよりも、優勝して金メダルをとって、日本中を盛り上げたいという気持ちが強いですね。それを実現できたら、きっと日本のスーパースターになれるはずなんで。

だって自国開催ですよ？ もし優勝したら、どんだけすごいパレードができるか。沿道で手を振《ふ》るたくさんのファンの姿を勝手にイメージしてますからね、僕はもう。もう優勝しかないでしょ。だって16チームしか出場しないんですよ。W杯の半分ですから。自国開催で最高の後押しを受けて、気持ちよくプレーしてやります！

週刊プレイボーイ（2021年1月4日発売）「堂安律の最深部」

## 決意の背番号10。重圧を楽しめるくらい肝《きも》がすわっていないと、戦える舞台じゃない

東京五輪では、背番号10を託《たく》された。中3から憧《あこが》れ続けた夢の舞台で、憧れ続けたエースナンバーを背負う――。その思いを隠《かく》すことなく、ずっと口に出し続けてきて本当によかった。「俺が日本サッカーを背負うんだ！」とあらためて決意した。

ちょうど、ビーレフェルトで自信を取り戻《もど》したタイミングでもあった。もしも東京五輪が

2020年に予定どおり開催《かいさい》されていたら、どん底のメンタルで大会に臨んでいただろう。そう考えると、俺はやっぱり〝もってる〟のかもしれない。

本音を言うと、超満員《ちょう》のスタジアムでプレーしたかった。東京五輪という夢の舞台《ぶたい》で俺たちが感動を与えられたら、開催に反対する人たちも、「やってよかった」という意見にきっと変わる――。そんな思いを胸に秘めていた。東京五輪開幕直前、俺はこの状況《じょうきょう》を最大限に楽しみ、夢にまで見た大舞台への意気込《いきご》みを、こう明かしていた。

日本代表として臨む大きな大会という意味では、このオリンピックは、2019年のアジア杯以来です。当時は心と体をコントロールできていなくて、それを「空回り」というシンプルな言葉で収《おさ》めようとしていましたね。でも、この2年半で心と体の勉強をたくさんしてきたので、確実に自分をコントロールできるようになりました。

2019年11月に行われたU－22コロンビア戦では「4人目のOA《オーバーエイジ》という意識を持ちたい」と言っていたけど、当時は悪い意味で責任感が強くて自分のプレーに身が入らず、クオリティーが落ちてしまってました。ただ、今は違《ちが》います。ブンデスでやってきた自信なのかわからないけど、心に余裕《よゆう》を持ってプレーできています。

最近よくスタッフやトレーナーから、「うまい選手というより、いい選手になったな」「観客を楽しませるプレーはもちろんだけど、安心感のある選手になったな」って言ってもらうことが多くなりました。それこそ、まさに自分が追い求める理想の選手像です。人としても、選手としても、大きくなれているという実感はありますね。

それから、この1年でサッカーに対する考え方も変わりました。両親をはじめ、僕を支えてくれている人たちがいっぱいいますけど、結局、「みんな、俺が楽しんでプレーしてるところを見たいんだ」ってことに気づきました。それがどこのクラブだろうと、オリンピックだろうと、近所の公園だろうと関係ないんですよね。

僕が小さいころ、公園で楽しそうにプレーしてるのを見るのが両親は楽しかったわけで。そのころから比べたら、舞台はステップアップしてますけど、オリンピックという大舞台でも自分が楽しんでプレーしている姿を見せてあげることが、僕を応援《おうえん》してくれる人たちへのいちばんの恩《おん》返しになると思います。

いろんな紆余《うよ》曲折《きょくせつ》を経て、いろんな人たちの協力のおかげで、オリンピック開催までたどり着きましたけど、その分、アスリートには責任や重圧があります。それをパワーに変え、日本のみなさんに感動と勇気を与《あた》えられるように、最高の結果を出したいです。

もちろん緊張《きんちょう》はすると思います。「重圧を楽しむ」と言うと、きれいごとみたいだけど、本当にそれくらい肝《きも》がすわってないと、戦える舞台《ぶたい》じゃないと思っているので。今回、日本代表の10番を背負わせてもらえたことで期待と重圧は大きいけど、その分、自分に跳《は》ね返ってくるリターンは計り知れないものがあると思う。

いろんな人たちの思いを背負って、僕のことを嫌《きら》いな人たちの思いも背負ってプレーしないとなって。もちろん、優勝しか狙《ねら》ってません。オリンピック、楽しんできます！

週刊プレイボーイ（2021年7月19日発売）「堂安律　東京五輪直前独占インタビュー」

## すべての力を出し尽《つ》くしても届かなかったメダル。清々しいほど実力不足だった

東京五輪は不思議な大会だった。時間がたつほど、悔《くや》しさが込《こ》み上げてくる。だから、あれから映像を見返すこともなかった。でも、終わった直後は言いようのない爽快感《そうかいかん》があった。最後は2試合負けてメダルを逃したけど、すべての力を出し尽《つ》くしたから清々しかった。

残念ながら無観客開催《かいさい》になってしまったけど、自国開催の影響力《えいきょうりょく》は計り知れなかった。日本

中から送られてくるポジティブな反応をリアルに感じることができたのは、強烈《きょうれつ》な体験だった。日本代表初ゴールよりも、アジア杯決勝で負けたときよりも反響《はんきょう》は大きかった。

個人的にも背番号10を背負い、エースとしてやらせてもらえたのは大きな経験になった。「ゴールおめでとう」よりも「日本を頼《たの》むぞ」という声が大きく、責任感も増した。

このチームは大会前の合宿や練習試合から考えると、2か月近くも一緒《いっしょ》にいたことになる。「東京五輪はどうだった?」と聞かれたら、「楽しかった」という言葉が真っ先に出てくる。そのひと言でまとめると、「遠足気分かよ!」と言われるかもしれないけど。試合に勝ったらロッカールームで大合唱したし、ホテルの食事会場では「今日はスイーツ食べちゃおう」「なんだよ、サラダ食べなきゃいけないのかよ」「よっしゃ、ウナギや!」と和気あいあいと盛り上がった。

ネガティブな言葉を誰《だれ》も発さない最高の雰囲気《ふんいき》だった。練習も毎日楽しく、だからこそチーム全体に自信がみなぎっていたし、それがプレーにもあらわれていた。「このチームってどうやったら負けるん?」と本気で思っていた。準決勝のスペイン戦も大量点をとるイメージはしづらかったけど、後ろの守備が安定していたから、負けるイメージは全然湧《わ》かなかった。

チームの誰もが、日本の優勝を信じて疑わなかった。「祝勝会はどうするんですか? 今、緊急《きんきゅう》事態宣言で無理だから、1年後にJFAでなにかやってくださいよ!」という話を、グループリーグのときから、真顔でミーティングしていたほどだ。
3位決定戦で負けた悔《くや》しさはもちろんあったけど、すべてを出し尽《つ》くしたうえでの実力負け。アジア杯の決勝で負けたときには、「俺はもっとできたし、努力もできたはずなのに」と自責の念に駆《か》られたけど、東京五輪は「完全に俺の実力不足。ここからさらに強くなっていかないといけない」と清々しかった。

個人的なプレーを振《ふ》り返ると、メキシコ戦のPKは絶対に決めてやろうと思っていた。直前に(久保《くぼ》)建英《たけふさ》のゴールをアシストしていたから、「もし外しても1点リードしているから別にいい」と開き直って、思い切りゴールのど真んなかに蹴《け》り込《こ》めた。東京五輪では緊張感《きんちょうかん》を存分に楽しめた。吐《は》きそうな緊張というよりも、楽しい緊張感。ガンバ時代にJリーグデビューしたときは気持ち悪くて吐きそうだったけど、そういうものとは全然違《ちが》って。大会中はひとつひとつのプレーを心から楽しめた。

メダルをとれなくて落ち込んだけど、翌年にはカタールW杯が控《ひか》えている。東京五輪の経験や悔しさをすべて、直後に始まるW杯最終予選にぶつけてやる——。俺はすぐに前を向いた。

## 不完全燃焼のW杯最終予選。中国戦は日本代表になってからいちばん悔しい試合だった

東京五輪直後の2021年9月に行われたW杯最終予選。俺は不完全燃焼に終わった。包み隠《かく》さずに本音を言うと、プロサッカー選手としてはストレスの溜《た》まる、不甲斐《ふがい》ない2試合だった。チームとしても機能せず、大事な初戦でオマーンに敗戦。続く中国戦で辛勝《しんしょう》したが、苦い経験になった。W杯最終予選を経験したことのない選手が半数以上で、チームとしてのマインドセットがうまくできていなかった。同じ絵を共有できず、頭を整理できなかった。オマーンを見下していたわけではないが、「負けるはずがない」という意識がどこかにあったのかもしれない。

全員が同じ方向を向くことの大切さを痛感した。「東京五輪のときはもっと同じ方向を向けていたよな」という話をある選手とした。東京五輪では、金メダルという高い目標があったから、選手同士で何度も話し合いを重ねた。セットプレーの立ち位置を1m単位で調整したり、攻守の切り替《か》えで「あそこのポジションが空いてる」とアイデアを出し合ったり。そういう綿密なコミュニケーションを自然と取っていた。

その姿勢はA代表で学んだもの。「原点のはずのA代表がなんてざまだ……」という気持ちが少なからずあったし、俺もできていなかった選手のひとりとして、責任を痛感した。「最終予選

に簡単な試合はない」ということを思い知らされた。

カタールで行われた中国戦では1分もピッチに立てなかった。苦しい展開のなか、攻撃《こうげき》の選手として出番がなかったことは恥《は》ずかしい。日本代表になってからいちばん悔《くや》しい試合だった。その気持ちをぶつけるように、試合後はピッチに居残ってスプリントを繰《く》り返した。特に意味はなかったけど、なにかしないと気がすまなかった。不機嫌《ふきげん》な顔でロッカールームに戻《もど》るのも、ボトルを蹴《け》り上げてストレス解消するのも、「なぜ出れなかったのか？」と監督《かんとく》に聞くのも、俺のスタイルじゃない。どんなときでも自分に矢印を向けるのが堂安律だから。

監督目線で考えれば、あの試合に俺は必要じゃなかったから出さなかっただけだ。「必要だと思ってもらえるように、所属クラブで集中しないといけない」と前向きに気持ちを切り替《か》えることができた。東京五輪が終わってPSVに戻った8月下旬には、ケガをして思うようにプレーできていなかったから、もう一度、コンディションを上げていくため、自分にムチを打ついい機会になった。

オマーン戦の前日会見で「東京五輪世代がA代表のスタメンに名前を載《の》せていかないと」と発言したけど、本音を言えば、ほかの選手はどうでもよかった。あの言葉は「俺がA代表を引っ張っていかなくちゃいけない」という自分自身への決意表明だった。

コンディションのよし悪しは関係ない。試合に出たら、日本のために全力で戦うだけ。国を背負って戦う気持ちよさみたいなものは東京五輪を経験して確実に増したから。

## 反撃ののろしを上げるPSV復帰弾《ふっきだん》。これまでの経験から「今なにをすべきか」がわかるようになってきた

日本代表から戻ってすぐ、9月11日の第4節AZ戦で胸のすくような一発を叩《たた》き込《こ》んだ。2019年のフォルトゥナ・シッタート戦で決めたミドルシュートの感覚に近かった。蹴った瞬《しゅん》間《かん》、ゴールまでの軌道《きどう》が自分でも見えたから、ネットが揺《ゆ》れる前に喜んでいた。

後半途中《とちゅう》から出て、最初のチャンスでパスを出してしまい、後悔《こうかい》していた。だから、ボールを受けてハーフウェーラインを越《こ》えたくらいから、「絶対に自分で打つ」と決めていた。決して調子がいいときの思考回路ではない。調子がいいときはもっと感覚でプレーを選択《せんたく》できるから。個人的な感覚として、縦に突破《とっぱ》できているときは調子がいいから、調子が上がらないときは「最初のプレーで絶対に縦に行く」と決めることもある。

このゴールシーンがまさにそう。調子が悪いときはある程度、自分のなかで決め打ちし、それを繰り返すことでいずれ状態は上がってくるし、頭がクリアになっていく。

これまでのキャリアで調子がいいときと悪いときをたくさん積み重ねてきたけど、その経験が今、確実に生きている。どんな状況《じょうきょう》で、どんなトレーニングをしたら、自分のコンディションが上がるのか。これまでの経験から「今なにをすべきか」がわかるようになってきた。筋トレをすべきなのか、全体練習後にスプリントを何本すべきなのか。状況によってやるべきことは違《ちが》うけど、自分の調子と照らし合わせて判断できるようになったのは大きな成長だ。

本当はPSVに復帰せず、そのままブンデスでプレーしたかったけど、それが叶《かな》わず、ビーレフェルトで1年間積み上げてきたものがゼロになってしまうかもしれないと思った。でも、成長していることは実感できていた。

とにかく与えられた環境《かんきょう》で周りを黙《だま》らせるしかない。そのためには、監督《かんとく》が俺を試合で使ってくれるという運も必要だ。練習でよくなければ、試合で使ってもらえない。すべて自分でコントロールできることばかりじゃないけど、俺は俺にできることをやり続けるだけだ。

「ここから、もう一度がんばるぞ」と反撃ののろしを上げるPSV復帰弾《ふっきだん》は、俺のサッカー人生のなかでも大きな意味を持つ、記憶《きおく》に残るゴールになった。

東京五輪があってプレシーズンに参加できなかったこと、そのあとに軽いケガをしてボールを蹴《け》れなかったこと、8月末まで移籍《いせき》を模索《もさく》していたこと、W杯最終予選で日本代表活動をしていたことなどが重なり、PSVへの合流がものすごく遅《おく》れた。

でも、ビーレフェルトで本来のプレーを取り戻《もど》せたことで、自信はあった。ドリブルのキレ、守備の強度など、「このプレーを続ければ自然と結果はついてくる」というたしかな手応えは残り続けていた。PSVはチームが強い分、その感覚のままにプレーできれば必ず結果もついてくる。もっと積極的にプレーして、たくさんシュートを打とうと誓《ちか》っていた。

俺は反骨心をむき出しにして、「今に見とけよ。最後に勝ち残っているのは誰《だれ》かわからせてやる」と前だけを向いていた。

## 有言実行の2ゴール。ロガーと築いた深い信頼《しんらい》関係

前半戦はラッキーも重なって首位で折り返せた。俺もコンディションが上がってきた11月以降はスタメンの座をつかんだ。監督のロガー（・シュミット）は、いい選手でも戦術どおりにプレーできなければ試合に出さない。戦術を理解したうえで、守備もがんばれて、前にも積極的に仕掛《しか》けられる俺のことは絶対に好きになってくれるという確信があった。

ロガーはスター選手に頼《たよ》ることを嫌《きら》う監督だから、日替《ひが》わりでヒーローが生まれる状況が相当

うれしかったようだ。俺はロガーのそういう性格をわかっているから、活躍《かつやく》した試合のあとこそ、淡々《たんたん》とトレーニングするように意識していた。

ロガーは自分の意見をなんでも訴《うった》える選手が好きじゃないというのも感じていた。これまで俺はどの監督《かんとく》に対しても、自分の意見をしっかりとぶつけてきたけど、彼に対しては「淡々とやる選手」として振《ふ》る舞《ま》った。

ベンチに落とされた試合後、向こうから話しかけられたときも、自分の意見をぶつけたい気持ちをグッとこらえて、「試合に出たら必ず結果を出すから」と淡々と答えて、トレーニングに打ち込《こ》んだ。そして、その次の試合で、有言実行の2ゴールを決めてみせた。ロガーとはこの1年で深い信頼《しんらい》関係を築くことができた。

シーズン残り1か月半の時点でリーグ優勝争いをしたり、カップ戦の決勝を戦ったりするのはプロになってから初めての経験だった。チームが優勝するための一員でありたいし、「堂安がチームを助けた」と思われたい。フローニンゲンやビーレフェルトでは味わったことのない、心地よい緊張感《きんちょうかん》があった。

ロガーの誕生日、彼はみんなの前でこうスピーチした。

「3月の時点で国内リーグ戦、国内カップ戦、欧州《おうしゅう》カップ戦の3つの大会でチャンピオンになれるチャンスがあるなんて、キャリアのなかでもそうあることじゃない。だから、シーズンが終わる5月までチームとして加速していこう。監督をしていて、『美しい』と感じる瞬間《しゅんかん》がある。それは90分間みんなが体を張って、ユニフォームをボロボロにしている姿を見ること。華麗《かれい》なパスをつないで勝つサッカーも好きだが、それよりも全員がハードワークして勝ち点3をつかみとるほうがうれしいんだ」

その話を聞いて、みんなでめちゃくちゃ盛り上がった。このシーズンのPSVの一体感はものすごかった。強烈《きょうれつ》な個性がぶつかり合いながらも、ベテランと若手が融合《ゆうごう》して、ロガーのもとでタイトルをとろうとひとつになっていた。

## 集大成で成し遂《と》げたキャリア初タイトル。アヤックスを止めないと、気分よくオランダを出て行けない

2022年4月17日。オランダの国内カップ戦、KNVB杯決勝戦。相手はアヤックス。ここ数年、国内でもCL《チャンピオンズリーグ》でも、アヤックスに爆走《ばくそう》されていたから、「ここらへんで止めないと、気分よくオランダを出て行けない」と思っていた。

ベンチで試合を見ていて、あれだけワクワクした試合は初めてだった。前半はビハインドで折

り返したけど、それでも下を向いているヤツはひとりもいなかった。90分を通してPSVのほうがアヤックスよりもボールを持ち、試合をコントロールできていた。

俺は後半から途中《とちゅう》出場した。この1年はベンチスタートも多かったけど、どんな状況《じょうきょう》でも平常心を保ちながらプレーできるようになっていた。だからこそ、カップ戦決勝という大舞台《ぶたい》でも堂々とピッチに立てていた。

フローニンゲン時代からアヤックスと何度も戦うなかで、これまでは相手をリスペクトしすぎていたけど、もうなんとも思わなくなっていた。ロガーから細かい指示はなかったけど、やるべきことはわかっていた。カップ戦決勝の残り25分でリードしているのに、守備をしない選手はバカだ。信頼《しんらい》して送り出してくれたロガーの期待に応えることができた。

ロガーとは本当にたくさん話をした。ふたりでいるときはもちろん、みんなの前でさえ、「律を出しておけば間違《まちが》いない」と熱いことを言ってくれた。そんなロガーにタイトルをもたらすことができて本当にうれしかった。キャリア初優勝の味わいは格別だった。正直、海外に来てからは自分が成り上がっていくための個人競技のような感覚でサッカーをしていたところもあったけど、「チームとして勝つ」ということをロガーに口酸っぱく言われ、チームのためのプレーを意識し続けた1年だった。そのおかげで最後に優勝できて喜びも大きかった。

シーズン終盤《しゅうばん》のPSVのサッカーは魅力的《みりょくてき》だった。「これがファンを魅了《みりょう》するサッカーなんだな」とプレーしながら感じていた。チーム全員で戦い、美しいプレーも泥臭《どろくさ》いプレーもたくさんある。練習でさえ、ハイライトになるようなシーンばかりだった。しかも、日替《ひが》わりでヒーローが生まれて、見ていても、やっていても、楽しいサッカーだった。

サッカーは魅力的なシーンが無限にあるから、世界中でこれだけファンがいるんだと思う。美しいラボーナでクロスを上げるプレーも、0－3で負けているけどラスト5分で必死にデュエルする泥臭いプレーも魅力的だ。サッカー選手はエンターテイナーだから、見ているファンを魅了するサッカーをすることがなによりも大切なんだな、とあらためて感じた。

## W杯最終予選の大一番で落選。「逆境大好き人間」は自分を追い込《こ》むためだった

PSVで自分らしいパフォーマンスを発揮し、充実したシーズンを送っていた一方、日本代表では厳しい立場に置かれていた。W杯最終予選でほかの選手が結果を残し続けるなか、俺はなかなか出場機会をえられず、招集されるたびに悶々《もんもん》とした時間を過ごしていた。

W杯出場権のかかった3月の大一番で、俺はメンバーに選ばれなかった。ショックだった。日本代表に初めて選ばれてから、ケガ以外で外れたことはなかったし、PSVで結果を残していた

からこそ、大事な2連戦で呼ばれなかったことが悔《くや》しくてたまらなかった。

でも、今思えば、このタイミングで外してもらえて感謝しかない。W杯最終予選のプレッシャーのなかで結果を残す（伊東《いとう》）純也《じゅんや》くんをリスペクトしていたし、俺が彼を上回るパフォーマンスを見せられるのかと言えば、確固たる自信はなかった。でも、口では「俺を使ってほしい」と言っていた。そこを見透《す》かされ、日の丸を背負うえでの覚悟《かくご》を問われた気がした。

あのまま招集されて試合に出られずにPSVへ戻《もど》っていたら、気持ちを切り替《か》えられなかったかもしれないし、外してもらったことで目が覚めて、「ここから残りのシーズンで絶対に結果を出してやる！」と心に火をつけるきっかけにもなった。

ただ、心の片隅《かたすみ》では「自分を追い込《こ》むいい状況《じょうきょう》になりそうだな」と、ものすごく自分を俯瞰《ふかん》している感覚もあった。だからこそ、ツイッターで「逆境大好き人間頑張《がんば》りまーす！　あ、怪我《けが》してません‼」とつぶやいた。いろんな憶測《おくそく》もされたけど、ただただ、ケガではなく実力で選ばれなかったことを強調して、自分を追い込む状況をつくり出したかっただけだ。むしろ、日本代表に対して、本当に熱い気持ちがあるからこその言動だった。

W杯最終予選直後、森保《もりやす》（一《はじめ》）さんはわざわざオランダまで俺に会いに来てくれた。そこで自分が抱《かか》えていた葛藤《かっとう》や日本代表に対する思いを本音で伝えることができた。「W杯では律の力が必要になる。しっかり準備しておいてほしい」と声をかけてくれた。そのあとにロガーとも面談して、俺のPSVでの状況を聞いてくれた。ロガーから、「律、話しておいたぞ。W杯のスタメンは決まったな！」とジョークを飛ばされたことをよく覚えている。

実は、代表から外れたW杯最終予選はドバイで見ていた。PSVで連戦が続いていたこともあり、心機一転、久しぶりのオフを暖かいところで過ごすことにした。たまたまツイッターを見ていたら、U－21日本代表がドバイで大会に参加していることを知り、「もしかしたら（内山《うちやま》）篤《あつし》さんがいるかもしれない」と電話したら、その直感が当たった。ホテルで会うことになった。

中学生のころから俺のことを知ってくれている篤さんにはなんでも話をすることができる。胸のうちをすべて明かした。気づけば2時間近くたっていた。篤さんは俺の話をいつもどおり、やさしく聞いてくれた。あのときの俺にとってはものすごく大事な時間だったと思う。

## キャリアハイの公式戦11ゴール。どんな状況でも平常心でプレーできるようになった

PSVでの激しいポジション争いも、週2ペースで試合があることにも完全に慣れた。以前よりもメンタルコントロールがうまくなり、途中《とちゅう》出場でも全然あたふたしなくなった。ハーフタ

イムに「行くぞ！」と声をかけられて、後半スタートからピッチに立つこともあった。それでも先発したときと変わらず、平常心でプレーできる。どんな状況《じょうきょう》でもゲームにすんなり入れるようになったし、流れを変えるプレーもできるようになった。スタメンでも途中《とちゅう》出場でも波がない、監督《かんとく》からしたら使いやすい選手になれている自覚はあった。

試合中に「俺のところにボールがこぼれてきそうだ」「打ったら入る」という感覚が芽生え、「俺の時間だ！」とビビッとくる場面も増えた。ゴールに直結するプレーを求められ、それに応えることで、キャリアハイの公式戦11ゴールを記録できた。

結局、シーズンが終わってから見られるのは数字だけ。誰《だれ》もがＹｏｕＴｕｂｅで俺のスーパープレー集を見てくれるわけじゃない。どれだけゴラッソを決めようが、みんな覚えていないし、大事なのはなによりもゴールという数字なんだ。

俺は昔から、「ピッチにいる22人のなかで誰よりも存在感のある選手でいたい」という思いが強かった。あらためて、ピッチにいる誰よりも色を出しているプレーヤーでいたいと思う。ほかの選手たちに負けない強烈《きょうれつ》な個性が俺にはあるから。

## 再びブンデスへ。根拠《こんきょ》はないけど、フライブルクで活躍《かつやく》できる気がした

シーズン終了《しゅうりょう》後にロガーがＰＳＶを去ることがわかった時点で、ＰＳＶに残る可能性は俺のなかでゼロになった。自分としても、またブンデスで挑戦《ちょうせん》したかった。ビーレフェルト時代のプレーを見て、俺に好印象を持ってくれるブンデスのクラブは多かったけど、いちばん早く話をしてくれたのがＳＣフライブルクだった。

（クリスティアン・）シュトライヒ監督や（クレメンス・）ハルテンバッハＳＤ《スポーツディレクター》と5月にホテルで会った。クラブのプロジェクト、監督の熱量、ＳＤの考えている今後のビジョン、「なぜ律をとりたいのか？」という理由が、ほかのクラブとはまったく違《ちが》った。「この監督、このクラブなら間違いなく成長できるな」という確信があった。

なんの根拠もないけど、チームに合流する前から、フライブルクで活躍できるイメージが湧《わ》いていた。実際、今までのどのクラブよりもすんなりとチームに溶《と》け込《こ》め、プレシーズンから結果を残せた。フィットすることを見極めて選んだ移籍《いせき》先だから、驚《おどろ》きはなかった。

欧州挑戦《おうしゅうちょうせん》6年目。3か月後のW杯も意識して、俺はこう意気込《いきご》んでいた。

「ここまで行けたか！」というサプライズを起こすのはここからです。なにをもってサプライズかというと、それは人生が変わるかどうか、ですね。環境《かんきょう》はもう整っているわけなので、あとは自分が結果を出せるかどうか。「この1年をがんばれば、ここから5年、6年は食っていける」という活躍《かつやく》ができれば、誰《だれ》も想像していないようなシーズンになると思います。

ブンデス開幕戦でドイツ紙「キッカー」のベストイレブンに選ばれましたけど、驚《おどろ》きもうれしさもそこまでなかったし、シーズン2ケタゴールをとれば人生が変わるとも思っていないです。人生を変えるようなサプライズって、別にひとつではないんですよ。たとえば、W杯で「ここで決めれば日本の歴史が変わる」という場面で点を決められるとか、来季CL《チャンピオンズリーグ》出場権のかかったリーグ最終戦でヒーローになって市場価格が上がるとか。そういう場面に居合わせる、という運も必要になってきます。

この2年で精神的に大きく成長できたと思っているし、何事にも動じなくなりました。人生を変えるためのサプライズを起こす環境は整っているし、そういう運がめぐってくる予感がします。今季がどうなるのか、楽しみでしかないです。

週刊プレイボーイ（2022年8月22日発売）「堂安律の最深部」

## シュトライヒに名指しで怒《おこ》られ、吠《ほ》えられる。「俺はここでもっともっと成長できる」

シュトライヒはサッカーに対して異常なくらいストイックでクレイジー。でも、「この人にならなにを言われてもいい」と思える、信頼《しんらい》できる存在。パパというか、むしろ、おじいちゃんと孫みたいな関係性かもしれない。めちゃくちゃ厳しいけど、お年玉をたくさんくれたり、たまにものすごく大きなプレゼントをくれる感じ。

特に俺には厳しい。「昨日の練習みたいなプレーを試合でもしたら、おまえはすぐ交代だ！」とみんなの前で怒られたりする。名指しで吠えられることは今まで経験がなかったから新鮮《しんせん》だ。

フライブルクは、とにかくプロフェッショナルなクラブ。クラブハウスで携帯《けいたい》電話禁止、練習中は絶対にレガース着用、全体練習が終わったら必ず1時間は自主練しなきゃいけないとか、ルールが厳格にある。全体練習が終わったら、監督《かんとく》が時間を言い、その1時間後までクラブハウスから出られない。リカバリー、アイスバス、マッサージ、ジム、シュート練習、なんでもいいけど、絶対に1時間は自分のために時間を使わなきゃいけない。

そういう監督だから、試合前日に泊《と》まるホテルのルールも厳しいのかなと思ったら、全然そんなことはなかった。ドイツのクラブはふたり部屋が多いけど、前日はひとり部屋のほうがゆっくりできるというのが監督《かんとく》の考えみたいで。「試合で勝つためにはどうしたらいいか」という逆算ですべてが考えられているし、理にかなっている。

シュトライヒは練習中も練習以外も、選手の言動をめちゃくちゃ見ている。だから、俺は好かれやすい。自分から積極的に見せていくタイプではないけど、向こうがちゃんと見て気づいてくれる人だとわかってくれるから。ものすごく相性はいいと思う。取りつくろおうとしても無駄《むだ》だし、フライブルクはもろに人間性が出るクラブ。「俺はここでもっと成長できる」と確信した。

## 人生が変わりそうな予感。もっと堂安律というストーリーを楽しんで

フライブルクに移籍《いせき》してから、自分の成長を実感する場面が増えた。1対1の球際や強度はもともと強みだったけど、ブンデスというインテンシティーの高いリーグでもやれることを証明できた。自然体で自由な感覚のまま、自分らしいプレーができている。

俺はいつしか必要以上に自分を大きく見せようとしなくなっていた。プライドをかなぐり捨てて挑《いど》んだビーレフェルトでの1年間、10番を背負って戦った東京五輪、ロガーの信頼《しんらい》に応えて確固たる自信をつかんだPSVでの1年間、そして、自分を見つめ直すきっかけになったW杯最終予選招集外などを経験し、サッカー選手としてだけでなく、人としても大きく成長できた気がす

る。

小さいころから夢見続けたW杯が目前に迫《せま》り、人生が大きく変わりそうな予感がしていた。

W杯までもう3か月を切りました。あっという間です。6月の代表活動ではゴールは決められなかったけど、「間違《まちが》いなく自分は日本代表にとって必要なピースだ」「日本代表を自分のプレーで助けることができる」という自信がえられたのは大きかったですね。その一方で、やっぱりスタメンで出られない悔《くや》しさもありました。手応えをつかめた部分もあったけど、もっと自分はできるし、やらなきゃいけないなと。チームとしてもそう思います。まずは9月の2試合で自分のプレーを見せつけて、11月の本戦に向かっていきたいですね。

ここ数年、壁《かべ》にぶつかったりもしたけど、俺に注目していないなんてもったいないですよ。だって考えてみてください。もしマンガやドラマだったら、3月に代表落ちした時点で、W杯本番で活躍《かつやく》するのは俺、という展開になりそうじゃないですか？（笑）もっと堂安律というストーリーを見てほしいし、楽しんでほしいですね。おもしろいものを見られると思いますよ。「今シーズンで人生が変わりそうな気がする」って少し前にも言いましたけど、そんな予感がするんですよね。今の自分なら、願えば必ず実現できると信じています。

週刊プレイボーイ（2022年9月12日発売）「堂安律の最深部」

# もしもサッカー選手じゃなかったら

## なってみたいのはシンガーソングライター

けっこういろんなところで言ってますけど、昔から憧《あこが》れているのは歌手なんですよね。普《ふ》段《だん》からよく音楽を聴《き》くからこそ思いますけど、ほんまに歌ってすごくて、歌に救われた人って世の中に何人もいると思うんです。僕の場合、プロサッカー選手として自分を信じてやってきてるけど、たまには疑《うたが》うときもある。そういうときにええ感じの歌を聴いたら、「迷ってる場合ちゃう。このままでいいんや。自分を信じてやろう」と思えるんですよね。

特に自分が好きなのは歌詞です。さりげない言葉でも、「あ、ええこと言うてるな」って気づけるし、歌詞の意味をあれこれ考えちゃいます。ストレートすぎる歌詞も好きだけど、独特な表現の歌詞も好き。誰《だれ》かが悩《なや》みを抱《かか》えていたら、「あなたはこれを聴いたほうがいいよ」って絶妙《ぜつみょう》な歌を紹介《しょうかい》できると思いますもん(笑)。

もし、自分が歌手になるんであれば、作詞も作曲もひとりで全部やるシンガーソングライターがいいですね。憧れます。でも、なんだかんだセンスないので全然ダメなんやろうけど（苦笑）。そういう意味で言うと、センスありきの絵とかアート系も向いてないと思います。だからこそ、「ビビッときた」「降りてきた」みたいな感覚を味わってみたいですけどね。何千人がダサいと思っても、ひとりの天才画家だけがビビッとくるような絵を自分で描《か》けたらな〜って妄想《もうそう》したりしますけど、無理ですね。不器用なんで（笑）。

小学生のときは消防士になりたかったです。中学生のころには職業体験でわざわざ消防署に行ったほどです。当時はまだ自分がプロサッカー選手になれると思っていなかったので、けっこうガチでなりたかったかも。やっぱり火に向かっていく姿がカッコいい。自分だったら、「もし、この人を助けたらスーパーヒーローになれる」って想像しながらがんばるやろなって思いますね。

## メイウェザーの名言がカッコよくて刺《さ》さった

最近、自分は個人競技のほうが向いてるんじゃないかなと思うんですよ。相手と1対1でやり合うほうが性格的には合ってそう。たとえば柔道とか格闘技をやってたらけっこういいところまでいったんじゃないかなって勝手に思ってます（笑）。そんな単純じゃないとは思うけど、「日の前の相手を上回ったら勝ち」って考えたら、むきになって死ぬまでやるなって。毎日、「誰《だれ》よりも努力する」というモチベーションでトレーニングしてますが、個人競技のほうが結果につながりやすいから、モチベーションを維持《いじ》できるかもしれないですしね。

ボクシングの元5階級制覇《せいは》王者、フロイド・メイウェザーの名言知ってます？「おまえらが休んでいるとき、俺は練習している。おまえらが寝《ね》ているとき、俺は練習している。おまえらが練習しているときは、当然俺も練習している」って言葉がカッコよくて刺《さ》さるんですよ。「俺は金にまみれて派手な生活をしてると思われてるけど、おまえらが知らないところでやってるんだ。だから俺はここまで来た」ってことを言いたいんだと思いますけど、やっぱりやってるんですよ、トップにいったヤツって。

僕はどんな職業でも成功できたとは思わないです。ただ、成功する自信はあります。その仕事を始めたら本気でやるし、誰よりも努力はしますよ。がんばったらなんでも叶《かな》ってきた人生なんで。でも、これからのサッカー人生で絶対に無理だと思うことも出てくるはず。そういう壁《かべ》にぶち当たったときに自分がどうするのか今から楽しみですね。

週刊プレイボーイ（2020年5月11日発売）「堂安律の最深部」

第4章

# 夢を生きたW杯

## W杯優勝は家族の夢。運命のメンバー発表とオカンの涙《なみだ》

カタールW杯のメンバー発表は早朝6時に家のリビングで見ていた。ワクワクなんていっさいなく、前日はあまりよく寝《ね》られなかった。めったにこういう緊張《きんちょう》はしないタイプなのに。試合前にもほどよい緊張を感じるけど、そういう緊張は自分でなんとかできるから好きだ。でも、自分ではどうにもできないこういう状況《じょうきょう》は昔から苦手だった。

「いっそのこと、もう見ないでおこうかな」とも思ったけど、一生に数回あるかないかの経験だから、しっかりと自分の目で、リアルタイムで見ることにした。無事、名前が呼ばれた。年齢《ねんれい》順の発表でなかなか名前を呼ばれなくて、ちょっとモヤモヤしたからなのか、「堂安律」の名前を聞いてほっとした。選ばれていない選手のことを考えると胸が痛かったけど、俺にとってはすごくうれしいニュースが届いた。

メンバー発表の直後から、いろんな人にたくさんメッセージをもらった。でも、すぐに話をしたのはオカンだけだった。まだメンバー発表の途中《とちゅう》なのに、俺の名前が呼ばれた瞬間《しゅんかん》にオカンから電話がかかってきた。

「りっちゃん、ほんまにおめでとう。よかったなあ」

電話の向こうから聞こえてきたその声で、オカンの感情が伝わってきた。プロサッカー選手になってから、心の底からうれしいと感じることはたくさんあったけど、やっぱり両親に喜んでもらえることがいちばんうれしい。何度も公言しているとおり、CL《チャンピオンズリーグ》優勝は個人の夢だけど、W杯優勝は家族の夢だから。親孝行できた瞬間だった。オカンの電話をきっかけに緊張が一気にほぐれた。小さいころから憧《あこが》れ続けた夢舞台《ぶたい》、W杯。そのスタートラインに俺はようやく立った。

## 元気《げんき》くんから受け継《つ》いだ、縁起《えんぎ》のいい「背番号8」

メンバー発表後、日本サッカー協会のスタッフから、「律、カタールW杯で背番号8をつけないか？」と連絡《れんらく》があった。まったく予想していなかった言葉だった。

2018年に日本代表に選ばれてから、俺はずっと背番号21をつけてきた。最初はカッコ悪いと思っていた。それまでのサッカー人生で一度もつけたことがなかったし、なによりも「背番号10」をつけたかったから。背番号21は正直、仮の番号だと感じていた。

日本代表に選ばれたばかりのころは、ロッカールームでとなりだった背番号20の槙野《まきの》（智章《ともあき》）くん、背番号22の（吉田《よしだ》）麻也《まや》くんに「俺の背番号と交換《こうかん》してくださいよ」とよくグチっていた。

半分冗談《じょうだん》、半分本気。それくらい、なんの思い入れもなかった。でも、それから4年近くも背番号21を背負うようになって、次第にものすごく愛着を感じるようになった。いつしか、「背番号21は俺の番号だ」と自然と思えるようになっていた。

だからこそ、背番号変更の打診《だしん》にものすごく驚《おどろ》いた。背番号8は、原口元気《はらぐちげんき》くんが長年にわたって日本代表でつけ続けてきた重い番号。「日本代表の背番号8は誰《だれ》？」と言われたら、その前に誰がつけていたのか思い出せないほど、俺のなかでは「元気くんの番号」だった。

２０１８年のロシアW杯で背番号8をつけた元気くんは、ベルギー戦でゴールを決めている。「W杯で背番号8をつけないか？」と言われて、真っ先に思い浮《う》かべたのがまさにその光景だった。「ものすごく縁起《えんぎ》のいい、運を引き寄せそうな背番号だな」と直感した。元気くんには日本代表だけでなく、ヨーロッパでもお世話になってきた。プライベートでも仲がよく、サッカーの話をなんでもできる大好きな先輩だ。いてもたってもいられず、元気くんに電話した。

「背番号8をつけさせてもらってもいいですか？」

「つけてくれてありがとう。絶対に律しかいないと思っていたから」

「元気くん、その運を俺にもちょっとわけてよ。絶対にW杯で主役になるから」

「おう」

そうやって元気くんは背中を押してくれた。俺は元気くんのカタールW杯にかける気持ちを誰よりも知っていたし、一緒《いっしょ》に優勝を目指して大会を戦うと思っていた。「元気くんの思いもしっかり背負わなきゃいけない」なんて、とてもじゃないけど簡単には言えない。でも、背番号を引き継《つ》がせてもらううえで、少なからずそういう思いを胸に秘めていた。

W杯に向けて、6月と9月の親善試合に出場したけど、正直、そのときはまだW杯が近づいている実感はなかった。でも、正式にメンバーに選ばれ、しかも俺にとって特別な存在である元気くんの背番号8を譲《ゆず》り受けることになって、W杯への思いが急速に高まっていった。

## 五輪代表「背番号10」のジンクスで、心に火をつけさせてもらった

「五輪代表で背番号10を背負った選手は、直後のW杯メンバーにひとりも選ばれていない」というジンクスがあることは知っていた。W杯最終予選で日本代表メンバーから落選したときに、SNSを通じて、知らない人からメッセージが送られてきたから。自分で探そうとしなくても、日々いろいろなものが送りつけられてくるから、いやでもそういう雑音は入ってきてしまう。

実際、東京五輪で10番を背負った俺は、7か月後のW杯最終予選で落選してしまった。あの時

点で、W杯メンバーの当落線上にいたことは間違《まちが》いない。同じポジションには（伊東《いとう》）純也《じゅんや》くんや（久保《くぼ》）建英《たけふさ》がいて、俺が外れたそのW杯最終予選では（三笘《みとま》）薫《かおる》くんが活躍《かつやく》した。正直、あせりはあった。でも、当時はPSVで充実したシーズンを過ごせていたから、「自分の進んでいる道は絶対に間違っていない。このまま突《つ》き進めばいい」という確固たる自信があった。

SNSにメッセージを送ってきた人は悪意があったかもしれないけど、俺はまったく気にならなかった。「そういうジンクスがあるんだよ」と言われると、逆にテンションが上がって、「じゃあ、やってやるわ！」と燃えるタイプだから。むしろ、俺の性格をそこまでわかったうえで送ってきているとしたら、ありがたい。まんまと心に火をつけさせてもらったから。

## ちっちゃいころからバカみたいに夢を見続け、ついにたどり着いたこの大舞台《ぶたい》で夢を見ないでどうするんだ

W杯メンバー発表の記者会見で、田嶋《たじま》（幸三《こうぞう》）会長や森保《もりやす》（一《はじめ》）さんが何度も繰《く》り返していた「新しい景色」という目標。俺は「本気で実現できる」という強い気持ちを持ち続けていた。だから、ベスト8ではなく、「優勝を狙《ねら》わなければ意味がない」と常に公言してきた。W杯のメンバーに選ばれた直後、俺はこんな言葉で自分なりの決意を表明した。

今はまだどんな気持ちでW杯のピッチに立つのかイメージできていないですね。夢って想像できないじゃないですか？　だから、ただただ夢のなかに入り込《こ》む感覚なのかなって。W杯は４年に一度開催《かいさい》される世界でいちばん大きなイベントなので、そこで縮《ちぢ》こまっているプレーをしているようじゃ、見ている人は誰《だれ》も楽しくないでしょ？　これまで何回も言っているけど、エンターテイナーとして、この夢の舞台を利用してみんなを楽しませたいです。

ブンデスリーガでひとつでも上の順位にいられるように、目の前の相手に負けず、貪欲《どんよく》に勝ちを目指し続けてきたからこそ、今こうして日本代表という立場があるので。W杯を考えて調整したことなんて一度もないし、置かれた立場で常に全力でプレーした先に、スペシャルな瞬間《しゅんかん》が訪れるもの。努力すれば必ずなにかが叶《かな》うとは思わないけど、努力をしていないヤツにはそういうチャンスも来ないと自分に言い聞かせながら、これまでやってきました。

W杯が近づいてもやることは変わらず、恐《おそ》れず突き進みますよ。失うものはなにもないし、もうやるしかないですから。堂安律らしさを失わず、生き生きしている姿を見せたいし、「俺を見ろ！」というようなプレーで堂々と世界に自分の力を見せてきます。

堂安律らしさとはなにかといえば、「気持ち」じゃないですかね。「プロサッカー選手がそんな単純な言葉を使うな」って思う人もいるかもしれないけど、ここまで来るともう根性ですから。尼崎《あまがさき》市出身なので、根性だけは鍛《きた》えられてますからね（笑）。

ほかの人よりもクオリティーがずば抜《ぬ》けて高かったとか、小学生のころから思ったことは本当になくて。周りの人は「昔からすごかった」って言ってくれますけど、自分としてはそういう認識でプレーしたことは一度もない。「となりにいるヤツに負けたくない」という気持ちでただただボールを蹴《け》っていただけなので。今も同じ気持ちでいます。

僕は「夢は叶《かな》う」と思って生きてきました。今までいろんな夢を口に出して笑われることも多かったけど、ここまで来ました。夢は叶うと信じているし、夢を叶えることができる人間だと信じています。

僕だけじゃなく、ちっちゃいころに「W杯に出る」と言って、おそらくバカにされてきた人たちがバカみたいに夢を見続け、ついにたどり着いたこの大舞台《ぶたい》で夢を見ないでどうするんだ、と思います。みんなもその夢に一緒《いっしょ》に乗って、僕たちの背中を押してほしいです。

週刊プレイボーイ（2022年11月14日発売）「堂安律の最深部」

## フライブルクでの充実した時間。心からW杯を楽しめる準備はできていた

正直、W杯の4か月前までは、自分のサッカー人生において、W杯はプライオリティーのいちばん上にあるものではなかった。当時はPSVから完全移籍《いせき》したフライブルクでしっかりと成長

し、ブンデスリーガで確固たる実績を残してキャリアアップすることしか頭になかった。移籍直後からクラブにフィットできたことで、自分の課題としっかり向き合いながら、日に日にプレーが改善されていくのがわかる感覚があった。フライブルクでは、右ウイングのレギュラーとして、ブンデスリーガ、ＤＦＢポカール、ＥＬ《ヨーロッパリーグ》のどの大会でもコンスタントに出場し、連戦でもコンディションを落とさずに戦うことができていた。

前年のＰＳＶでも、エールディヴィジ、ＫＮＶＢ杯、ＥＣＬ《ヨーロッパカンファレンスリーグ》の３つの大会を戦い、週に２試合プレーすることに慣れていた。だからこそ、厳しい連戦が続くＷ杯でも問題なく戦える、という自信があった。「Ｗ杯になると日本代表は守備の時間が長くなる」というのは日本代表のみんなが覚悟《かくご》していたけど、守備をものすごく大事にするフライブルクでＷ杯直前の３〜４か月間を過ごすことができ、自分のなかで自然とリンクさせながらトレーニングを重ねられた。

フライブルクはシュトライヒが長年、監督《かんとく》を務めてつくり上げた強力なチームだ。監督と選手の関係性は深く、お互《たが》いを熟知し、同じ考えを共有している。スタメンもサブも関係なく、自分のやるべきことに集中していて、人間的に素晴らしい選手しかいない。そういう面ではすごく日本代表と似ているかもしれない。

俺はシュトライヒの感情的な人柄《ひとがら》が好きだし、考え方が好きだ。いつも正直で、取りつくろったことは言わず、ハッキリしている。ものすごくホメられることもあれば、激しく怒鳴《どな》られることもあるけど。彼はどことなく俺に似ているところがある。不安だからこそ、その不安を解消するためにできることはなんでもやるし、試合中に1回あるかないかというシチュエーションも抜《ぬ》かりなく準備する。戦術は細かく、ミーティングも多いのが特徴《とくちょう》だ。

フライブルクに移籍《いせき》した直後からフィーリングがハマり、結果も出せていた。俺は心身ともに充実した状態で、日本代表に合流することができた。本物の自信を持って大会に臨めたことで、心からW杯を、目の前の試合を楽しめる準備はできていた。

## 揺《ゆ》らがなかった自信。「大丈夫。俺ならやれる」

W杯最終予選、そして6月と9月の親善試合までの流れで、自分が森保《もりやす》さんのファーストチョイスじゃないことは理解していた。なにより同じポジションを争う純也《じゅんや》くんが所属クラブで好調だったことも、これまでの代表戦で結果を残してきたことも、周知の事実だった。

実際、W杯の直前に組まれたカナダ戦でも先発ではなく、後半スタートからの出場だった。でも、まったく気持ちは揺らがなかった。先発を目指すことはもちろんあきらめていなかったけど、途中《とちゅう》出場でW杯のピッチに立つ自分をより具体的にイメージすることが大事だと思っていた。

ある意味、自分に自信があったからこそ、そうやってマインドセットできたのだと思う。「大丈夫。俺ならやれる」と心の底から信じることができていた。

今までの俺なら、自分が代表で結果を残せていないことは棚《たな》に上げて、「俺のほうが絶対にやれるはずだ」「時間をもらえればもらえるほど結果を出せるのに」「もっと長くピッチにいさせてくれたら……」と思っていたかもしれない。

でも、それはただの強がりで、ひとりよがりなわがままにすぎない。素直に現実を受け入れられなければ、結果がついてくるわけがない。自分に自信がないと、真っ先に「言い訳」が口をついて出てきてしまう。結局、そういうメンタリティーでは結果を出すことなどできないし、自分で自分の可能性にふたをして、自分を苦しめてしまう。

プレータイムを決めるのは監督《かんとく》で、それは自分でコントロールできないこと。なのに、そこで文句を言ってもしょうがない。与えられた時間のなかで結果を残せばいい。自分に自信があれば、自分ができることだけに最大限フォーカスすることができるはずだ。「たった45分しかない」ではなく、「45分で十分に自分を示せる。俺ならやれる」というメンタリティーでなければ、途中出場で結果を出すことなど到底《とうてい》できない。大きな壁《かべ》をいくつも、何度も乗り越《こ》えて、ようやく俺はこの境地にたどり着くことができた。

## 因縁《いんねん》のハリーファ国際スタジアム。「逆にいいストーリーができた。いい思い出に変えてやる」

カタールW杯グループリーグ初戦、ドイツ戦前日。スタジアム見学で、「あっ……。ここって、あのときのスタジアムやん」と、いやな感覚が一瞬《いっしゅん》よみがえってきた。前日トレーニングのため、バスで会場入りした瞬間《しゅんかん》、ここがW杯最終予選の中国戦を戦ったハリーファ国際スタジアムだと知った。まさかドイツと、このスタジアムでやるとは思っていなかった。

あの中国戦は、日本代表に選ばれてからいちばん悔《くや》しい試合だった。1分もピッチに立てなかった不甲斐《ふがい》なさをぶつけるように、試合後に居残って何本もスプリントを繰《く》り返した。バスでスタジアム入りしたとき、いやな記憶が一瞬だけよみがえったけど、そこで押しつぶされるようなことはなかった。ピッチのコンディションをたしかめながら、「逆にいいストーリーができた。このスタジアムをいい思い出に変えてやる」と考えている自分がいた。あの試合から1年以上がたち、自分の成長を感じることができた瞬間だった。

アジア杯のベトナム戦でPKを決めて以来、日本代表では実に3年10か月もゴールから遠ざかっていた。振《ふ》り返れば、悔しかったことしか思い出せない。誰《だれ》よりも挫折《ざせつ》を味わってきたし、どん底に突《つ》き落とされてきた。先がまったく見えない状況《じょうきょう》でも、サッカー人生がいつまで続くかわからないと不安になっても、ひたむきにサッカーと向き合い、自分を信じ続けてきた。今は自分に対して、圧倒的《あっとうてき》な自信がある。

初戦がすべて――。W杯のために日本代表へ合流してから10日ほど、チーム全体で一丸となってドイツ戦のことだけを考えてきた。夕飯の会場でもドイツ代表の映像が流され、席が近い選手同士でポジティブな意見交換《こうかん》が何度も交わされた。

ミーティングの密度も濃《こ》かった。士気を高めることを目的としたミーティングはほとんどなく、すべて戦術に費やした。監督《かんとく》を先頭に、選手、スタッフ全員で何度も話し込《こ》んだ。

ブンデスでプレーしているから、ドイツ戦には特別な思い入れがあった。フライブルクでチームメイトのマティアス・ギンター、クリスティアン・ギュンター、PSVでチームメイトだったマリオ・ゲッツェもいて、特徴《とくちょう》をよく知る選手が多かった。

ブンデスは後半になると比較的オープンな展開になるから、ドイツ戦の後半も行ったり来たりする場面が増えてくる。スピードだけなら日本が勝っているから、それを利用しよう。そういう共通認識のもと、「1失点しても大丈夫」という考えをチーム内で浸透《しんとう》させていた。

「初戦は勝ち点1でもいい」という感覚は全員が持っていたし、後半でオープンな展開になれば必ず点をとるチャンスは生まれるから、「前半は0－1でもまったく問題ない」というマインドセットでトレーニングできていた。ドイツ戦の前日、アルゼンチンを相手に0－1から逆転勝ちしたサウジアラビアにも勇気をもらった。

さらに、W杯での経験が豊富なベテラン選手たちと、若い選手たちの勢いが融合《ゆうごう》したことで、「俺たちならやれる」という雰囲気《ふんいき》がつくり上げられていった。W杯初出場の選手だけでは、おそらくそういう意見は出てこなかっただろう。

**ヒーローになることしか考えていなかったドイツ戦。スタメンがすべてじゃない。俺がラッキーボーイとして流れを変えるんだ**

W杯を勝ち抜《ぬ》いていくためにはラッキーボーイが出てこないといけない――。大会前から誰《だれ》かが言っていたけど、決勝トーナメントに勝ち上がってくるチームには必ずそういう選手がいるもの。日本代表でそういう存在になるなら、俺しかいないと思っていた。

選手としては、ベンチスタートは本望じゃない。サッカー選手なら、誰だって先発で出たい。でも、PSVでの経験があったし、大きな大会であればあるほど、ベンチから途中《とちゅう》出場する選手の役割がとてつもなく大きいことは経験上わかっていた。「耐《た》えてしのいでラスト20分、30分でギアを入れ、勝ち点1から勝ち点3に持っていく」という戦い方をするのなら、途中出場の選手こそ、カギを握《にぎ》っているじゃないか。

「ラスト30分でヒーローになれるチャンスがある。スタメンがすべてじゃない。俺が流れを変えるんだ」というマインドでひとつの準備も怠《おこた》らず、結果を出し切ることだけに集中して、俺はドイツ戦を迎《むか》えた。

試合が始まってからも、ヒーローになることだけを考えて、ベンチで立っていた。スタメンでないことは前日からわかっていたし、自分がW杯のピッチに立ったときに最高のパフォーマンスを発揮することだけを、メンバーに選ばれてからの23日間ずっと考え続けてきた。「とにかくチームのために」という気持ちで無我夢中だった。ベンチでは誰よりも声を出していた。

一方でものすごく冷静だった。ベンチにいながら、ドイツの穴を探していた。ブンデスでプレーしている経験が大きかったのかもしれない。相手の特徴《とくちょう》が手に取るようにわかった。10分でもピッチに立てれば、試合を決められる――。そう思っていた。

森保《もりやす》さんとはトレーニング中からずっとコミュニケーションを取っていて、「律はスタメンでもおかしくないパフォーマンスをしてくれている」と直接言ってもらっていた。だからこそ、必ずチャンスは来ると確信していた。後半スタートからの投入ではなかったけど、残り時間が少なくなってきたら、森保《もりやす》さんは間違《まちが》いなく、俺に「行くぞ」と言ってくれる、という信頼《しんらい》関係があった。森保さんから直接、「準備しとけよ」と言われたわけじゃないけど、いつもより早めにウォーミングアップをスタートさせた。

## サッカーの神様が「いいよ」と言ってくれたドイツ戦の同点弾《どうてんだん》

言い方は悪いけど、ドイツ戦の前半ラスト15分はサンドバッグ状態だった。あわや2失点目かと思ったらオフサイド、というラッキーもありながら1失点に抑《おさ》えられ、「こっちにツキがあるな。いけるんちゃう」とベンチで(南野《みなみの》)拓実《たくみ》くん、(浅野《あさの》)拓磨《たくま》くんと話していた。俺がピッチに立ったのは後半26分。日本に少しずつチャンスが増えてきた時間帯だった。森保さんは「律はシュートが得意」と評価してくれていたし、この日も交代する直前に「一発振《ふ》ってこい」と声をかけてくれた。(長友《ながとも》)佑都《ゆうと》くんにも「決めてこいよ!」と尻《しり》を叩《たた》かれて送り出された。

「3－4－3にシステムを変えるから、プレッシャーのかけ方が変わる」と指示を受けていた。右シャドーの俺が相手センターバックにプレッシャーをかけ、右ウイングバックの純也《じゅんや》くんが相手サイドバックの(ダヴィド・)ラウムにプレッシャーをかける。いつもとは違うプレスのかけ方だったけど、その采配《さいはい》が見事にハマった。

このカタチは今まで親善試合でもトライしたことはなかった。でも、「ビハインドのときにはシステム変更する」とミーティングで十分に話し込《こ》んできたからこそ、選手全員が理解できていた。まさか、俺と純也くんが縦に並ぶとは思っていなかったけど。

個人的にも、直前の親善試合のカナダ戦で右シャドーをやっていたので、このポジションのフィーリングはつかめていた。純也くんと組むのは初めてだったけど、すごくやりやすかった。縦は彼に任せることができたし、なかに入ってシュートを打つのは俺がもっとも得意としているカタチだから。

実はW杯の1年ほど前、PSVにいたころから、「シャドーや2トップの一角、トップ下のほうが自分は向いているかもな」と思いながら過ごしていた。だからこそ、W杯という夢舞台《ぶたい》でそのチャンスがめぐってくるのは、なにか運命的なものを感じていた。

そして、後半30分。ついに、その瞬間《しゅんかん》が訪れた。左サイドからの崩《くず》しのとき、俺はフィニッシャーとして、いつも右サイドからペナルティーエリアの真んなかへ向かって、少し遅《おく》れて入っていくようにしている。薫《かおる》くんが仕掛《しか》けて、拓実くんが折り返したあのシーンも、いつもどおりの感覚で嗅覚《きゅうかく》を研《と》ぎ澄《す》ませながら、ペナルティーエリアの中央へと入って行った。すると、相手GKの（マヌエル・）ノイアーが弾《はじ》いたボールが俺の足元に転がってきた。

「ありがとう」と言いたくなるほど簡単なごっつぁんゴール。でも、プロサッカー選手になってから、いちばんうれしいベストゴールだった。今までやってきたことは間違《まちが》ってなかった――。これまでの思いが報われた気がした。3年10か月ものあいだ、日本代表では一度もこぼれてこなかったボールが、あの大事な場面で俺の足元に転がってきた。

まさに運が転がってきたようなゴールだった。とてつもなく苦しい逆境でも投げ出すことなく、必死にやり続けてきて本当によかった。きっと、サッカーの神様が転がしてくれたに違いない。「いいよ。今日ぐらい」って。もしもサッカーの神様が意地悪な性格じゃなければ、必ず俺の足元にボールが転がってくると信じてピッチに入った。

「努力が報われることもあるんだな」と、人生で初めて思った瞬間《しゅんかん》だった。努力という言い方はあまり好きじゃないけど、この3年10か月、そう言い切れるほどの練習をたくさん積んできた。この運を引き寄せたのは、これまでのがんばりがあったからだと胸を張って言える。サッカーの神様は意地悪じゃなかった。

それまでは散々、「口だけ、口だけ」とみんなに言われてきて、悔《くや》しい思いをしてきた。日本代表に合流後、俺は人知れず反骨心を燃えたぎらせ、「絶対にヒーローになる」というイメージを常に持ち続けながら、ホテルで過ごしてきた。

だからこそ、いろいろな感情が爆発した一発だった。なによりもW杯という夢舞台《ぶたい》でピッチ上の空気を変え、日本を助けるゴールを決められたことが誇《ほこ》らしかった。

## 頭を切り替《か》えることができたオトンのツッコミ。「あれ、2点目もとれたやろ」

ゴールのあとに感情が爆発して吠《ほ》えたけど、頭は意外と冷静だった。サポーターの声もよく聞こえていたし、ベンチから佑都《ゆうと》くんを先頭に俺のもとへと駆《か》け寄ってくる仲間の表情もハッキリと見えていた。喜んでもみくちゃになったあと、最後に（板倉《いたくら》）滉《こう》君が寄ってきてハグしてくれたこともよく記憶《きおく》している。そこまで鮮明《せんめい》に覚えているゴールは初めて。それだけめずらしい唯一無二のゴールだった。

ゴールのあとは周りがスローモーションのようにゆっくりと流れていく感覚だった。もしかしたら、ゾーンというものに入っていたのかもしれない。これまでシュートを打つ瞬間やドリブルで相手を抜《ぬ》く瞬間にスローモーションになることはあったけど、ゴールのあとにそういう感覚になるのは初めての経験だった。

（鎌田《かまだ》）大地《だいち》くんが後ろから駆《か》け寄って来ていたのも感じていた。「これは世紀のガッツポーズになるんやろうな」と冷静に状況《じょうきょう》を見つめていたから、ガッツポーズを邪魔《じゃま》されて思わず振《ふ》り払《はら》ってしまった。試合が終わってからはみんなにそのことをイジられたから、大地くんには「二度と来ないでくれ」と伝えておいた（笑）。

結局、アドレナリンが出っぱなしで、明け方まで寝《ね》られなかった。そんなことは今まで一度もない。普段《ふだん》は自分のゴールシーンを見返すことがけっこう多いけど、なぜかこのゴールは見返さなかった。日本代表初ゴールのときは「まだ見るのか？」と自分でもあきれるほど、何回も見ていたのに。もしかしたら、脳裏に鮮明《せんめい》に焼きついているからかもしれない。あのゴールシーンの映像はＹｏｕＴｕｂｅに上がっているけど、おそらくウチのオカンがいちばん再生回数をかせいでいると思う。

試合後は家族との面会が許されていたから、ホテルで両親と会った。

「オカン、どうせ泣いたやろ？」

「泣いたわ、そりゃ！　お父さんと10年ぶりに抱《だ》き合ったわ！」

そんな冗談《じょうだん》もカマされながら、「カタールまで来てよかった」と言ってもらえた。最高の恩《おん》返しができたな、と試合の余韻《よいん》に浸《ひた》っていると、オトンが突然《とつぜん》、「あれ、2点目もとれたやろ」と冷静にツッコんできた。

たしかに、ドイツ代表の（アントニオ・）リュディガーに倒されて、あわやPKだったあのシーンは正直、もう少し踏《ふ》ん張れたかもしれないと後悔《こうかい》していた。オトンは昔から俺の心を見透《みす》かすようなことを言ってくる。そのひと言があったから、俺はドイツ戦のあとに調子に乗ることなく、すぐに頭を切り替《か》えることができた。

## ゴールよりうれしかった〃ラスト15分〃の守備

俺の同点弾《どうてんだん》、拓磨《たくま》くんの逆転弾ばかりが取り上げられるけど、リードを奪《うば》ってから試合終了の笛が鳴るまでの〃ラスト15分〃の日本代表の集中した守備意識はすさまじかった。

俺はラウムとのマッチアップでなにがあっても絶対に負けない、と心に決めていた。ラウムはフィジカルが強くてドシドシとドリブルするドイツ人らしいプレーヤーだから、相手のやりたいことはよくわかっていた。

少しゾーンの状態に入っていたから、絶対に抑《おさ》え込《こ》めるという自信があったし、実際にスタッツを見ると、5デュエル・5ウィン。試合後、フライブルクのシュトライヒからも連絡《れんらく》が来て、守備についてものすごくホメてくれた。ゴールをホメられるよりもうれしかった。

ピッチに入った瞬間《しゅんかん》から、すでにアドレナリンがたくさん出て体が動いていた。ファーストプレーでドリブルする（ヨシュア・）キミッヒを止めた。あのマッチアップで、この試合に対してポジティブな感覚をつかめた。

これまでは所属クラブでいくら調子がよくても、日本代表の試合で気合が空回りすることもあったけど、このW杯では、心技体すべてがうまく調和した感覚があった。気負いすぎて失敗した経験がたくさんあったから、とにかく自然体でいることを意識した。頭もメンタルもうまくコントロールできるようになったからこそ、W杯の夢舞台《ぶたい》でもあれだけリラックスしてプレーできたんだと思う。いろんな壁《かべ》にぶつかった甲斐《かい》があった。

## 日本を背負って戦うことの意味。「俺が決める。俺しかいない。俺が日本サッカーを盛り上げるんだ」

日本がドイツに勝った——。そのニュースは世界中のサッカーファンを驚《おどろ》かせたようだ。「大金星」「歴史的勝利」と表現されていた。日本のホームで行われる親善試合ではなく、本気のドイツにひと泡《あわ》を吹《ふ》かせることができた。格上と見られていた相手に対して、下剋上《げこくじょう》を成し遂《と》げたことはW杯ならではの醍醐味《だいごみ》だ。間違《まちが》いなく、日本サッカーの歴史に新たな1ページを刻むことができた。

「俺が決める。俺しかいない。そういう気持ちでピッチに入った。これに一喜一憂《いっきいちゆう》せず、強い気持ちで一丸となって戦いたい。俺が日本サッカーを盛り上げるんだ。期待してほしい」

ドイツ戦直後のインタビューで俺はそう答えた。自然と出てきた言葉だった。

大きな勝利だったけど、奇跡《きせき》とは思っていない。ドイツに勝つための最善の準備を、リアルなイメージトレーニングを積み重ねてきたからこその必然の結果だ。まだ俺たちは歴史をつくれていない。その思いが強かった。選手もスタッフもその日のうちに喜ぶだけ喜んだから、翌日には次のコスタリカ戦に向けて、冷静に頭を切り替えることができていた。

驚いたのは、日本国民のみなさんの反応だった。SNSやメディアを通じて、「感動をありがとう」「試合を見て元気をもらえたよ」というメッセージをたくさんもらった。知り合いからもたくさん連絡《れんらく》をもらった。

これまでも試合で活躍《かつやく》すると、いろんな人からメッセージをもらってきたけど、ほとんどは「おめでとう」という声だった。「ありがとう」と言われたのはおそらく初めて。うれしかった。俺は、大会前につぶやいた言葉を思い出していた。

「エンターテイナーとして、この夢の舞台《ぶたい》を利用してみんなを楽しませたいです」
「みんなもその夢に一緒《いっしょ》に乗って、僕たちの背中を押してほしいです」

思い描《えが》いていたとおりの、いや、想像した以上の反響《はんきょう》だった。俺たちのプレーがこれだけの熱《ねっ》狂《きょう》を生んでいるのか――。日本を背負って戦うことの意味を、身を持って知った。

## 地獄《じごく》に突《つ》き落とされたコスタリカ戦

ドイツ戦から一転、地獄に突き落とされた気分だった。慢心《まんしん》はなかった、はずだった。でも、絶対に負けてはいけないコスタリカ戦で痛恨《つうこん》の黒星を喫《きっ》してしまった。試合前には、「ドイツ戦の結果は忘れたほうがいい。日本が有利と思われがちだけど、W杯は本当に夢の舞台だから、あきらめる選手は世界中のどこにもいない」と十分に警戒《けいかい》していたはずだった。

でも、相手に5バックを敷《し》かれ、ゲームが停滞《ていたい》してしまった。サイドでもなかなか起点をつくれず、どこにポジションを取ればいいのか、最後まで解決の糸口は見つけられなかった。「勝ち点1でもいい」というゲーム運びをすべきだったのに、「この相手には勝ち点3をとらなきゃいけない」という考えが選手全員の頭のなかによぎってしまったのだと思う。

あせって仕掛《しか》けて縦パスが通らず、ボールを持てるのに簡単に相手に渡《わた》したり、不用意にロングボールを蹴《け》ったりするシーンが目立った。ミスがひとつひとつ積み重なり、徐々《じょじょ》に相手のペースになっていった。

俺個人も、先発で使ってもらったのに違《ちが》いを生み出せず、チームに勇気を与えることができなかった。情けなかった。ここからどれだけ歯を食いしばって踏《ふ》ん張れるか——。スペイン戦ですべてを出し切るため、「俺たちならやれる」と再確認する必要があった。

## スペイン戦は、日本中が固唾《かたず》をのんで見守る「最高の状況《じょうきょう》」

一夜明け、頭のなかで状況を整理した。コスタリカとの一戦だけでこれまで積み上げてきたものがゼロになるわけじゃない。ドイツに勝った自信も失ってはいけない。そもそもまだ終わったわけじゃないし、スペインに勝てば、文句なしで決勝トーナメント進出が決まる。こういう状況でこそ、もう一度、自分たちを信じることが必要なんじゃないか。

気がかりだったのは、応援《おうえん》してくれているファンのこと。ドイツ戦を見てファンになってくれた人も、コスタリカ戦を見てガッカリしたはずだ。だからこそ、もう一度、とりこにしなきゃいけなかった。スペイン戦に向けたミーティングで忘れられない言葉があった。

「もうこの瞬間《しゅんかん》は戻《もど》ってこない。バスもミーティングもすべて。結果を追い求める前に、このメンバーといられる1秒1秒を大切にしよう」

39歳で4度目のW杯を戦う（川島《かわしま》）永嗣《えいじ》さんのひと言。重かった。俺が日本代表に入ったころからかわいがってくれた大好きな先輩たちと、1日でも長く一緒《いっしょ》に過ごしたい。少しでも長くこのメンバーと一緒にW杯でプレーしていたい。そんな思いがあふれてきた。

日本中が固唾《かたず》をのんで見守る、運命の一戦。こんな最高の状況《じょうきょう》はない。批判してくれている人を含《ふく》めて、全員が喜べる準備はしてきたつもりだ。

## スペインの誰を困らせるのか。東京五輪で味わった怒《いか》りや悔《くや》しさは絶対に忘れない

ドイツ戦、コスタリカ戦でもそうだったけど、森保《もりやす》さんを先頭に、選手たちみんなで戦術面のあらゆることを話し合った。どういうシステムでスペインをハメていくのか、最初から引き込《こ》む

のか、ある程度リスクをおかして、最初の10分はプレスをかけるのか。90分のなかで起こりうるすべてのことを想定した。

特に、誰《だれ》にボールを持たせるのか、という協議を重ねに重ねた。相手のセンターバックなのか、サイドバックなのか。スペインはボール扱《あつか》いがうまいから、全部ハメにいくのは難しい。どこでボールを持たせて、誰を困らせるのかを決める必要があった。相手メンバーを予想して、「あの選手は右利きだから」「この選手は左利きだから」とあーだこうだ、森保さん中心に朝から晩まで話し込んだ。

スペインには、東京五輪の準決勝で負けた借りがある。カタールW杯のスペイン代表には、東京五輪で戦った選手が何人も選ばれている。それは日本も同じこと。スペインにはユース年代でも散々、苦汁《くじゅう》をなめさせられてきた。だからこそ、その反省を生かさなければいけない。W杯の直前、俺はこんなことを語っていた。

大きな舞台《ぶたい》では、点をとれるときにとるのが大事、というのが僕の感覚ではあって。やっぱり多くのチャンスは来ないので、全員が嗅覚《きゅうかく》を研《と》ぎ澄《す》ませながら、ワンチャンス、ツーチャンスが来たときに全員で食ってかからないと。そういうチームの団結力、チームの意思統一が必要ですね。

オリンピックのときに経験したけど、スペイン戦では後半の立ち上がり10分ぐらいまでよかったのに、そこで点をとれなかった。それが敗因だと思っています。「今だ！」と思う瞬間《しゅんかん》に、全員が相手を制圧しにいけるかがポイント。W杯とは舞台《ぶたい》が違《ちが》うけど、僕たちはそういう試合を経験しているので。

週刊プレイボーイ（2022年11月14日発売）「堂安律の最深部」

スペインとは東京五輪の準決勝だけでなく、その直前にもキリンチャレンジカップで対戦している。その試合で俺は先制点を叩《たた》き込《こ》んだけど、後半に追いつかれて勝ち切れなかった。W杯の1年4か月前に2試合も経験していたおかげで、彼らのスタイルはよくわかっていた。あのときと同じように戦うと、ボールを持たれすぎてしまう。でも、俺は前からプレッシャーをかけていきたかった。森保《もりやす》さんを先頭に、守備陣と意見をすり合わせた。結局、ドイツ戦のやり方を踏《とう》襲《しゅう》しながら、前からプレッシャーをかけるタイミングを探ることになった。

正直、五輪とW杯は別物だから、当時の悔《くや》しい気持ちを持ち込むことで悪影響《あくえいきょう》もあるかもしれないと感じていた。ただ、自分の性格上、そうやってフラストレーションを抱《かか》えているときのほうが体のキレはよくなる。だから、東京五輪で味わった怒《いか》りや悔しさという感情は、ピッチ上でも絶対に忘れないでおこうと心に決めていた。

## 同じ相手に2回も負けるなんて、ありえへんぞ

スペイン戦の前半は、やはり守備に追われ、攻撃にパワーを使えていなかった。0－1で折り返したところも含《ふく》めて、「ドイツ戦と似た展開やな。後半が始まったら、すぐに誰《だれ》かが流れを変えなきゃいけない」とベンチで話していた。だから、チームにあせりはまったくなかった。俺はフィジカルコーチから、「律、後半スタートからいくぞ」と言われていた。気持ちを高め、ウォーミングアップのギアを上げた。

ピッチに入る直前、東京五輪に出場したメンバーを集めて、「同じ相手に2回も負けるなんて、ありえへんぞ。俺らの力で絶対勝とう」と声をかけた。スペインだけにはもう絶対に負けたくない——。いざピッチに立とうした瞬間、心のなかで爆発するものがあった。

後半が始まって、すぐに違和感《いわかん》を覚えた。スペインは明らかに集中し切れていなかった。前半、相手の左サイドバックや左ウイングは高い位置を取っていたが、そこをケアしすぎて自分の守備位置を低くすると、相手の思うツボになる。だから、俺は意図的に高い位置を取った。前半と違《ちが》い、ボランチの（セルヒオ・）ブスケツの脇《わき》のスペースが空いていることにも気がついていた。ピッチにいるのに、試合を俯瞰《ふかん》しているような感覚だった。

後半3分。薫《かおる》くんが相手の右サイドバックのGKへのバックパスに反応し、右センターバックにも続けてプレッシャーをかけた。このアクションがサインになった。そこから（前田《まえだ》）大然《だいぜん》くん、俺、純也《じゅんや》くんが連動する教科書どおりのプレスがハマり、スペインからボールを奪《うば》い切った。

そして、そのボールは俺のもとへ。ペナルティエリアの少し外、右なめ45度の位置。目の前に広がっていたのは、これまで何万回とシュート練習で打ち込《こ》んできた、目をつぶっても決められる自信のあるコース。まさに、あそこは「俺のコース」だった。

## 堂安律をフリーにさせると危険なんで

「ザ・堂安律」という左足のミドルをゴールネットに突《つ》き刺《さ》した。あのゴールのアシストは純也くんのプレッシャー。俺だけの力で決め切ったゴールじゃない。チームの守備、戦術がドンピシャでハマった作戦勝ちだった。後半が始まってすぐ、ブスケツの脇《わき》にスペースが空いているシーンが何回かあったから、そこにポジションを取って、純也くんからのこぼれ球を呼び込んだ。ボールを受け、ペドリをかわしたら、目の前には誰《だれ》もいなかった。正直、ペドリの守備も軽かった。あんな守備をしてくれたら、俺は楽に仕事ができる。あそこで堂安律をフリーにさせると危険なんで。

左足でトラップしたボールを体の真横ではなく、ややなめ後ろに置いた。尻《しり》の筋肉が人一倍強いから、ななめ後ろにボールを置くことで腰《こし》のひねりを利用することができるのだ。それにボールを真横に置くと、相手が足を出してシュートブロックしやすくなってしまう。ボールが後ろにあっても、強いインパクトでシュートを打てる俺ならではのこだわりだ。

もともとファーに打とうと思ったけど、インパクトの瞬間《しゅんかん》にニアへと切り替《か》えた。本来なら相手がきっちりと寄せてくる場面だから、ニアへのシュートコースは防《ふさ》がれてしまうけど、このときは相手の寄せが甘《あま》く、ニアを狙《ねら》えた。相手がもう一歩寄せていたら、そのスキは生まれていなかったと思う。ボールを蹴《け》る瞬間、とっさに腰をひねって、左足を思い切り振《ふ》り抜《ぬ》いた。GKの位置は見えていなかった。ファーに打つ体勢だったから、GKはシュートに反応できなかったんだと思う。映像を見返すと、けっこう汚《きたな》いシュートフォームで無理やり蹴っていた。

正直、インパクトの手応えはそこまでなかった。グループリーグのシュートスピードランキングで2位の120・04㎞だったけど、俺は普段《ふだん》、もっときれいなフォームで力強いシュートをバンバン打っているから、普通《ふつう》に打ったら絶対1位だと思う。これは決してビッグマウスじゃない。ゴラッソと言われるけど、俺としてはまだまだ伸《の》びしろを感じるゴールだった。

## あのコースは、俺が世界でいちばん練習している

Ｗ杯メンバーに選ばれてからの数週間、居残りのシュート練習では目をつぶって、Ｗ杯の雰囲《ふんい》気《き》をイメージしながら蹴《け》っていた。これまでＷ杯を経験したことがなかったから、勝手な想像だけど。Ｗ杯特有のスタジアムの熱気をイメージして、日本国民のみなさんの応援《おうえん》を想像して、ドイツやスペインの選手を頭に浮《う》かべて。一度、目をつぶって、その雰囲気を落とし込《こ》んでシュートを打つ。そういう練習をやり続けていた。「本番でこの状況《じょうきょう》が必ず来る」と信じて。

ＧＫも置かず、ノイアーやウナイ・シモンを想像しながら、無人のゴールにカットインして左足で蹴り込む。ＧＫがいないほうがイメージが湧《わ》くから。ドイツ戦でマッチアップするであろうラウムやキミッヒをどうかわしてシュートに持ち込むのか。リアルに思い浮かべた。リーグやＥＬ《ヨーロッパリーグ》で連戦が続き、居残り練習もろくにできない時期だったから、１日に数本だけ。１本ごとに全集中して蹴っていた。

これは技術練習ではなく、「あ、この景色、見たことあるな」とＷ杯本番のピッチで自分自身に思わせるためのイメージトレーニング。やっぱり、適当に20本、30本打つことが正解じゃないし、３本でも５本でもいいから集中力を持って続けることが大事なんだ。

シュートだけじゃなく、シュートにいくまでのファーストタッチの練習もそう。W杯決勝でも完璧《かんぺき》にトラップできるようにイメージしながらやっていた。技術は1か月じゃうまくならない。でも、メンタルは鍛《きた》えられる。俺はW杯までの日々をそうやって過ごしてきた。

右なめ45度のあのコースは、俺が世界でいちばんシュート練習をしている。本気でそう思っているし、ボールを見なくても決め切る自信がある。そう言えるほどの積み重ねをこれまでしてきた。試合でうまくいかなかったことも多かったけど、やっぱり練習はウソをつかない――。身を持って体感させてもらった。

## ビーレフェルトで仕込んだ、縦突破《とっぱ》からの右足クロス

俺の同点弾《どうてんだん》のわずか3分後に、勝ち越《こ》しゴールが決まった。薫《かおる》くんの折り返しは直感的に出ていないと思った。だから、すぐ切り替《か》えて、麻也《まや》くんや滉《こう》くんたちと次の策の話をしていた。まさか1㎜だとは思わなかったけど、きっと、ここでもサッカーの神様が俺たちの4年間の過程を見ていてくれたんだと思う。

個人的には、あのゴールの起点になった俺の右足でのクロスにも注目してほしい。2点目を狙《ねら》っ

てカットインしようと思ったけど、相手の動きを見て、縦に持ち出してGKとDFのあいだを狙うグラウンダーのクロスを上げた。コスタリカ戦でもそういうシーンが1本あったから、手応えがあった。直前のゴールの影響《えいきょう》なのか、俺のプレーを研究していたのかわからないけど、相手は明らかに俺の左足を警戒《けいかい》していた。縦に運ぶと、反応が完全に一歩遅《おく》れた。

アジア杯のあとにもがき苦しみ、ビーレフェルトで死ぬほど練習して仕込《しこ》んだ縦突破《とっぱ》からの右足クロスを、この場面で出せたこと。そして、それが貴重な決勝弾《けっしょうだん》を呼び込んだこと。左足での同点弾だけでなく、この右足クロスのシーンも、積み重ねてきたものが実った瞬間《しゅんかん》だった。

## 俺たちは26対11で戦っている

自分たちの力を信じてはいたけど、まさかコスタリカに負けて、ドイツ、スペインに勝つという展開になるとは思わなかった。いろんな知り合いから、「どんな映画やマンガよりもドラマチックだった」「まるで『キャプテン翼《つばさ》』の世界だよ」とテンションの高い連絡《れんらく》をもらった。

ドイツ戦のあとに国民のみなさんから、「最高だった」「ありがとう」というリアクションをもらえてすごくうれしかったけど、スペインに勝ち、グループリーグ突破を決めたあとの反響《はんきょう》は想像以上だった。日本は早朝だったにもかかわらず、本当にたくさんの方に応援《おうえん》してもらえていたんだなと実感した。

試合終了のホイッスルが鳴った瞬間、うれしさが込み上げてきた。無我夢中で喜んだというよりも、ピッチ上で喜びを噛《か》みしめる感じだった。俺も、みんなも、自信と気合に満ちあふれた表情をしていた。でも、決して満足はしていなかった。

俺は試合後、「選手全員が燃えている。ベスト16では、全員が体を投げ捨ててでも戦う覚悟《かくご》ができている。サッカーは11対11で戦うものだけど、俺たちは26対11で戦っている」という言葉を自然と口にしていた。みんなの思いはひとつだった。

## クロアチアに現実を突《つ》きつけられた夜

ここで決勝ゴールを決めた選手が、日本国民の注目を全部さらっていくんだろうな――。クロアチア戦の前に、そんなことを考えていた。日本が初めてW杯でベスト8に進出するゴールを決められたら、この先ずっとそのシーンの映像が使われて、日本のサッカーファンのあいだで伝説として語り継《つ》がれていくんだろうな、と。グループリーグでドイツとスペイン相手にゴールを決め、日本を勝利に導くことができたけど、それはもう過去のこと。「ここで決めなきゃ、なんの意味もないんやぞ」と自分に言い聞かせて臨んだ試合だった。

とにかくベスト16の壁《かべ》を越《こ》えることだけにフォーカスしていたけど、結局、自分への期待を裏切る結果になってしまった。PKが終わった直後は、立ち上がることができなかった。これが今の俺たちの実力であり、必然の結果。現実を突《つ》きつけられた夜だった。

やっぱりクロアチアは堅《かた》かった。正直、「勝ち切れた。惜しかった」という感覚よりも、「PK戦まで持っていけてラッキー」くらいの感覚だった。

攻撃陣《こうげきじん》のひとりとして、苦しい時間帯でファウルをもらったり、コーナー付近でキープしたり、チームのためにもっとやれることがあったと思う。同点に追いつかれたあと、「よっしゃ。ここからもう1点とって試合を決めよう」とチームをプレーで鼓舞《こぶ》することができず、本当に不甲斐《ふがい》なかった。

失点シーンは真後ろから見ていた。今でも脳裏に焼きついている。クロスからの失点はスペイン戦でもやられていたこと。「試合前はやれることを全部やった」と思っていたけど、試合後は「もっとやれた」という思いしかなかった。

後半スタートから積極的に2点目を狙《ねら》いにいくべきだったのか。ロングボールを放り込《こ》まれたら、もっと引き込むべきだったのか。なにを言っても、結果論になってしまう。

試合後、「PKは運だ」とメディアに言ったけど、本音を言えば、PKはメンタルも含《ふく》めた技術だと思っている。クロアチアは準々決勝のブラジル戦でもPKで勝っているし、前回大会でもPKで勝ち上がっていた。

PKの技術という点において、俺たちが下回っていたのは間違《まちが》いない。W杯優勝という目標を掲《かか》げるのであれば、こういうところももっと練習しなくちゃいけないと痛感させられた。

## 一生忘れられない悔《くや》しさ。今の俺はまだそこまでの選手じゃない

とにかく自分にガッカリした――。それがクロアチア戦を戦い終えたあとの正直な気持ち。悔しい。悔しい。悔しすぎる。

スタメンで使ってもらったのに、チームを勝利に導くことができなかった自分に腹が立つ。追いかける展開で途中《とちゅう》出場したドイツ戦、スペイン戦とは役割が違ったけど、まっとうできなかった。ショートコーナーから先制点の起点となるクロスを上げたとはいえ、チームが敗れたら、なんの意味もない。

ましてやPK戦にもつれ込んだとき、俺はPKを蹴《け》る立場にすらなかった。チームになにも貢《こう》献《けん》できない無力さを感じた。もし自分に本当に実力があったら、最後の最後までピッチに立ち続けていたはずだ。アルゼンチン代表の（リオネル・）メッシなら、フランス代表のエムバペなら、

ブラジル代表のネイマールなら、あの場にいないなんてことは絶対にありえない。そういう唯一《ゆいいつ》無二《むに》の圧倒的《あっしょうてき》な存在にこのW杯ではなれなかった。今の俺はまだそこまでの選手じゃない。あの試合で味わった悔《くや》しさは、この先も一生忘れられないと思う。

そして、このメンバーでもっと勝ち上がって、「新しい景色」を見たかったし、日本国民のみなさんにも見せたかった。俺たちの夢に一緒《いっしょ》に乗っかってくれた人たちに、その夢を見せることができなくて、本当に申し訳ないという気持ちでいっぱいだった。

でも、日本国民のみなさんの声は温かかった。感謝の気持ちとともに、違和感《いわかん》を抱《いだ》かずにはいられなかった。メディアも含《ふく》めて、「感動した」「ありがとう」と称賛《しょうさん》してくれたけど、これがブラジルやアルゼンチン、フランスだったら？　きっと大バッシングだと思う。

結局、俺たちはそれほど期待されていなかった。偉《えら》そうかもしれないけど、俺はファンやメディアのみなさんに労いの言葉だけでなく、厳しい言葉をもっとかけてほしかった。「なんでベスト8へ行けないんだ！」「ベスト16で満足なんかするなよ！」って。

ドイツ、スペインという優勝経験国に勝ってグループリーグ1位突破《とっぱ》を果たしたことは歴史的な快挙だったかもしれないけど、本気でW杯優勝を成し遂《と》げるためには、ファンにもっともっと厳しくなってもらわないとダメだ。

だからこそ、なんとしてももうひとつ勝ちたかった。こんな思いはもう二度としたくない。この悔しさを片時も忘れず、これから先のサッカー人生を送っていかなきゃいけない。

# サッカー選手としてのジレンマ

## 世界中のサッカー選手が「いい週明けを迎《むか》えたい」と思っている

ビーレフェルトではチームメイトや監督《かんとく》からの信頼《しんらい》も感じるし、ドイツに来て成長できている実感はあります。ただ、だからこそ、数字や結果が出ないと悔《くや》しい。「せっかく調子がいいのに、なんで結果が出えへんねん」って。不甲斐《ふがい》なさとは違《ちが》うんですよね。

なにもできないくらい悪い内容の試合はむしろ悔しくないんですよ。やれる自信もあるし、実際にやれているのになかなか数字や結果がついてこないと、ものすごく悔しい。そういうときほど、どうしても結果がほしくなっちゃうので。

自分が思い描《えが》いていたプレースタイルに近づいたり、試合のなかでしっかりトライして成長を実感できたりするのに結果が出ないと、ものすごくストレスがたまります。チャンスがあったのに決め切れなくてチームも勝てないと、ホンマに腹が立つんです。「俺が点とってたらチームも勝ててたし、完璧《かんぺき》な試合やったやん」って。「あー!!!」って叫《さけ》びたくなりますよ。

もう毎週ですからね。試合が終わるたびに「ああ、ここができなかった。あそこがダメだった」って後悔《こうかい》して悩《なや》んでストレス溜《た》めて。そこから、「早く試合したい」ってまたハングリーになって、がんばってトレーニングして。でも試合が近づくと不安になってきて、試合の直前になると「よっしゃ、やったろう!」ってテンション上がって楽しくなってきて。試合で結果が出ないと、また後悔して悩んでストレス溜《た》めて……。毎週その繰《く》り返しです。

世界中のプロサッカー選手はみんな、「週末の試合で結果を残して、いい週明けを迎えたい」って思ってますよ、絶対。ドイツに来てからはまだ数回しかいい週明けを迎えられてないですけど、ホンマは毎試合で感じたい。まあ結果が出ないからこそおもしろいんでしょうけど。結果が出ちゃうと、たぶん満足しちゃうんでね。

## 元気《げんき》くんから届いた〝めっちゃ共感できるメッセージ〟

(原口《はらぐち》) 元気くんともそういう話をよくしています。けっこう小まめに連絡《れんらく》をくれるんですよ。俺がいいプレーした試合のあと、「おまえすごくよくなってるよ。ドイツ来てよかったな。合ってるじゃん」ってメッセージをくれて。お互《たが》いに上を向いてサッカーをしているし、元気くんとは感覚が似ているので話が合うんです。

「オフなのに考えちゃうよな。オフの日だけ頭が真っ白になったりしないかな」って元気《げんき》くんが冗談《じょうだん》で言ってたんですけど、ホンマにめっちゃわかります。

たぶん、サッカー選手はみんなそうなんでしょうね。オフでもオフになり切れないというか。頭の片隅《かたすみ》には常にサッカーのことがある。現役引退したらできひんから、これが幸せなんでしょうけど。もう職業病ですね。

究極的には、サッカー選手って結果を出すことでしかストレス発散できないですから。ある意味、中毒なんですよね。点とって勝つしかないんですよ、ホンマ。だから、ギリギリのところでシュートを外したりするのがいちばんストレス溜《た》まる。体によくないですよ(笑)。

週刊プレイボーイ（2021年3月1日発売）「堂安律の最深部」

第5章

# 日本サッカーを背負う覚悟

## W杯のファンになった。あのとき俺は夢を生きていた

小さいころから憧《あこが》れ続けたW杯は、夢の世界だった。あのとき、俺は夢を生きていた。想像の2倍、3倍、いやそれ以上。これだからサッカーはやめられない。

決勝トーナメントで負けたのに、こういう言い方はよくないかもしれないけど、ただただ楽しかった。中3日で次の試合があるのに、毎日アドレナリンが出すぎてなかなか寝《ね》られない。それくらい、少しふわふわした状態で過ごした日々だった。ピッチのなかでも外でも、この期間の1分1秒は深くて濃《こ》かった。たった一瞬《いっしゅん》でもサボったらやられる、という緊張感《きんちょうかん》があった。

コロナの影響《えいきょう》で東京五輪が無観客開催《かいさい》だったから、日本代表の試合でこれだけ熱い応援《おうえん》をしてもらったのも久しぶりだった。明日にでもまた戦いたい。それくらい最高の雰囲気《ふんいき》でやみつきになった。この大会を通して、俺はW杯のファンになった。

(長友《ながとも》)佑都《ゆうと》くんが「W杯は中毒になる」と言っていたけど、その言葉の意味がわかった。ウチのオカンも、「お金を貯めてW杯を観戦する人たちの気持ちがわかったわ。りっちゃんがいなくても行きたいくらい」と言うほど、W杯に魅了《みりょう》されたらしい。

「CLは俺の夢。W杯は家族の夢」とこれまで言ってきたけど、実際に体感してみてわかった。W杯は国民の夢なんだ。国を背負って戦うからこそ、世界中がこんなにも熱くなるんだと思う。この大会を通して、日本代表として戦う重み、素晴らしさを噛《か》みしめることができた。

## いろんな人から「ありがとう」と言われる。こんな幸せな仕事はない

カタールW杯では、スポーツの力を感じさせてもらった。いろんな人から「ありがとう」と言われたけど、こんな幸せな仕事はない。日の丸を背負い、日本中の声援を一身に受ける。「プロサッカー選手は本当に素晴らしい仕事だな」と思わせてもらった。

これまで何度も言ってきたけど、サッカー選手はエンターテイナーだから、ただ試合に勝つだけでなく、魅せるのが仕事だ。ファンを魅了し、興奮させ、感動させる。そのノルマを達成し、スポーツの素晴らしさを伝えられたと思う。そういうパワーを日本サッカーが示せたことは誇《ほこ》りたいし、この熱を絶対に途絶《とだ》えさせてはいけない。今までサッカーに興味がなかった人たちも、「サッカーっておもしろいな」と少しは思ってくれたはずだし、そういう人たちを大ファンにさせるのが俺の使命。批判してくれているアンチの人はもうすでにファン。これからも引き続き、批判してほしいし、応援してほしい。

グループリーグ突破《とっぱ》を決めたスペイン戦後、俺はツイッターで「優勝するよ‼」とつぶやいた。すると、67万以上も「いいね！」がついた。あのときの熱狂《ねっきょう》が忘れられない。2018年のロシアW杯でメンバーに入れず、それからずっと「W杯優勝」と言い続けているけど、当時はまだ日本代表に選ばれる前で、今みたいに俺の発言がメディアで大きく取り上げられることもなかった。俺はアンチすら出ないくらい、誰《だれ》にも興味を持たれていなかった。

日本代表に選ばれるようになり、ヨーロッパでキャリアを重ねていくにつれ、アンチが少しずつ増え出して、「優勝？　なに言ってるんだ！」「もっと現実的な目標を立てろよ！」という意見が目立つようになってきた。そして、カタールW杯が始まり、「日本いけるよ！」「優勝できるかも！」と反応してくれる人がだんだんと増えてきた。やっと、俺の夢にサポーターのみなさんが乗っかってくれた瞬間《しゅんかん》だった。

「やっと伝わった。ずっとブレずに言い続けてきてよかった」と思えた。スペインに勝ち、グループリーグ突破を決めた喜び以上に、サポーターのみなさんが俺と同じ思いを共有してくれたことが、心底うれしかった。カタールW杯を通して、「サッカー界を飛び越《こ》えて、ひとりのアスリートとして日本を引っ張っていくんだ」という強い気持ちが芽生えた。スポーツがもたらすパワーはとんでもなく大きい。俺はスポーツの力をこれからも信じ続けたい。

## 自然と心がひとつになる。日本人ならではの美しいワンチーム精神

大会中に胸を打たれたシーン、心が震《ふる》えた出来事はたくさんあったけど、なかでもいちばん感動したのは、ドイツ戦のハーフタイムだった。ハーフタイムも終わりに差しかかったころ、ウォーミングアップを終えてロッカーに戻《もど》るサブ組の選手たちがスタメン組の選手たちに向かって、「いけるぞ、いけるぞ！」と次々に声をかけていた。もちろん、俺も。「ハーフタイムでしっかり休んで後半からギアを上げていくぞ！」というポジティブな声かけが誰からともなく発せられ、みんながみんなの背中を押し合《あ》っていた。

ロッカールームやホテルでも、そういう会話が大会中ずっと生まれていた。爆発的な結束力。日本人ならではのワンチーム精神。これが世界に誇《ほこ》る、日本代表の強さだと身を持って感じた。まさしく、26人全員で戦っていたなと実感した瞬間だった。

スタメン組の選手たちもサブ組の選手たちを本当にリスペクトしていた。スタメン組の選手たちは「流れを変える選手が出てきた瞬間にギアを入れよう」と思っていたはずだし、後半15分まで0-0、もしくは0-1なら上出来だという感覚が、俺がスタメンで出た試合でもたしかにあった。勝利というゴールに向かって、自然と心がひとつになっていく。ピッチにいる11人だけでな

く、サブ組や監督、スタッフを含《ふく》めて、みんなの心が通じ合う美しいワンチームだった。

これだけの一体感を生んだのは、ベテランの選手たちが偉大《いだい》な人格者ばかりだったからだ。率先して水を運び、練習後になんでもアドバイスするなど、サブ組の選手たちが積極的にサポートし、最高の雰囲気《ふんいき》をつくり上げた。自分がスタメンじゃなくても感情を表に出さず、練習では対戦相手の役割をまっとうし、相手の立場で感じたことをなんでも言う。俺もベンチの試合が2試合あったけど、そういう姿勢を見習って、全力でチームのために仕事をまっとうした。

なかでも、キャプテンの（吉田《よしだ》）麻也《まや》くんは絶対的な存在だった。お茶目なところもあって親しみやすいけど、彼ほど空気が読めて周りが見え、監督《かんとく》と選手のあいだに立てる、これほどできた人に俺は会ったことがない。

そして、佑都《ゆうと》くんの存在がなければ、今の俺はない。アジア杯以降の3年10か月、ゴールが決められなくて苦しかったとき、佑都くんだけはずっと俺のことを信じてくれていた。自分で自分を疑いたくなるときもあったけど、佑都くんだけは「律なら大丈夫だ！」と応援《おうえん》してくれた。だからこそ、スペイン戦後のロッカールームで「おまえ、すごいな！」と言ってくれたシーンは一生忘れられない瞬間《しゅんかん》になった。

## なにが日本サッカーのスタイルなのか。アジア杯、五輪、W杯。優勝できなかったすべての大会でリベンジを果たしたい

ドイツ、スペインを倒《たお》し、日本サッカーが進歩していることを世界に見せつけられたとは思う。でも、10回やって9回勝てるレベルまではいっていない。実際、ドイツとスペインに勝っても、ベスト16の壁《かべ》は破れなかった。

アジア杯、五輪、W杯。優勝できなかったすべての大会でリベンジを果たしたい。どんな大会でも、「最高の大会だった」と思えるのは優勝した1か国だけ。優勝したチーム以外、憎《にく》い大会だと思って去っていく。カタールW杯の決勝で敗れたフランスもそう。優勝しない限りはスッキリした気持ちで帰国できないし、頂点《ちょうてん》を追い求めるのは果てしなくつらい道のりだと思うけど、やるしかない。

W杯優勝のためには、大前提として、個々の能力を引き上げる必要がある。日本の組織力は世界でも有数。だから、個々の能力が上がるほど、より大きな組織になる。選ばれた全選手がCLレベルのビッグクラブでプレーできれば、間違《まちが》いなく頂点が見えてくる。それが今の日本代表メンバー、日本サッカーの課題であり、すぐにでもクリアしなきゃいけないノルマ。カタールW杯

で日本サッカーの価値が世界的に上がったからこそ、これを機に日本人選手たちが世界で活躍《かつやく》し続けなきゃいけない。

そして、日本サッカーのベースとなるスタイルをこれからしっかりと見極めていかなきゃいけない。世界の強豪《きょうごう》を相手に組織的に戦えることは証明できた。これからはボールを保持する時間をより長くすることを突《つ》きつめるべきだ。ドイツやスペインのような相手にポゼッションで上回ることは難しいかもしれないけど、少しでも保持できるようになれば、守備に追われて無駄《むだ》に体力を消費することもなくなる。そうすれば、よりよいコンディションで決勝トーナメントを戦えるようになるはずだ。

極論、3バックも4バックも5バックも、ポゼッションもショートカウンターも、なんでも臨《りん》機応変《きおうへん》にできるチームじゃないとW杯では勝ち残っていけない。ポゼッションのうまい強豪にはカウンター、逆に引いてくる相手にはポゼッションなど、さまざまな選択肢《せんたくし》を持つことが重要だと思う。

なにが日本サッカーのスタイルなのか――。その答えはひとつではない。だからこそ、これからもっと突きつめ、模索《もさく》し、積み上げていかなければならないんだ。

## 絶対的な存在になるために。「チームを勝たせる力」を身につけなきゃいけない

個人として自信をつかんだのはフィニッシュの部分。大舞台《ぶたい》で〝もってる〟ことを実感した。小さいころからそういう感覚はあったし、プロになってから周りのレベルが上がって自信を失いかけたときもあったけど、キャリア最大の大会で結果を残せたのは素直にうれしかった。

一方で、日本代表の絶対的な存在になるためには、チャンスメイクの部分をもっと磨《みが》く必要があるとも感じた。フィニッシュにつながるスルーパス、アシストといった「チームを勝たせる力」をもっともっと身につけなきゃいけない。（三笘《みとま》）薫《かおる》くんや（伊東《いとう》）純也《じゅんや》くんのような突破《とっぱ》力や打開力も必要だし、そういう能力を強く意識して高めていきたい。

足の速さ、スピードに関しては数年前からトレーニングしていて改善しているけど、今まで俺は「足の速さには限界がある」と過小評価し、自分で自分の能力にふたをしていたのかもしれない。ブンデスでは球際のデュエルでスピード勝負に勝ち、縦に抜《ぬ》き切るシーンも増えている。恐《おそ》れずに突きつめていき、プレースタイルの変化を楽しんでいきたい。

思えば、ガンバ大阪でプレーしていた時代の俺はスルーパスを得意としていたのに、個人の結

果を求められる海外の環境《かんきょう》に身を置いてからは、よりシュートに意識が傾《かたむ》くようになった。シュート技術は磨《みが》かれたけど、この先、キャリアアップを考えるなら、シュートだけでは勝負していけないという感覚がある。だからこそ、チャンスメイクの技術を向上させていきたいんだ。

縦への突破《とっぱ》から抜《ぬ》け出し、右足でななめにクロスを送り込《こ》んだスペイン戦の2ゴール目はひとつの理想だ。仕掛《しか》けながらちょんとスルーパスを出したり、ひとり抜いてお膳立《ぜんだ》てしたり、そういうアシストを増やすことでよりゴールに関わり、チームを勝利に導くことができると思う。

## 堂安律というサッカー選手は何者なのか。大きな壁《かべ》を乗り越《こ》えてみせる

俺はもう若くない。これからアスリートとしていちばん脂《あぶら》が乗る20代半ばを迎《むか》える。ここでサッカー選手としての自分を完成させることになる。

10代や20代前半のような急成長は見込めないかもしれない。でも、だからこそ、地味だけど、日々コツコツと積み上げていくようなトレーニングが欠かせないだろう。頭の判断スピードを上げたり、一歩早く足を出したり、そうやってひとつ先の判断ができるようにならなければいけない。

フライブルクは、ものすごく組織的で協調性のあるチーム。だからこそ、今の自分の課題でも

あるけど、チャンスメイクや守備も含《ふく》めた「チームを勝たせるためのプレー」を磨くにはこれ以上ない環境だと思う。

でも、フライブルクで満足しているようでは話にならない。無謀《むぼう》なステップアップを夢見ているわけではない。今の自分の課題と真摯《しんし》に向き合い、新たな武器を身につけ、継続的な結果を残すことでしか成長は見込めないから。

今後、自分がさらなるステップアップを目指していくと、ＰＳＶに移籍《いせき》したばかりのころよりも苦しむのは目に見えている。きっと、サッカー人生でいちばん大きな壁がこれから待ち受けていると思う。間違《まちが》いなくこれまで以上の成長が求められるし、これから先の毎日は、１分１秒も絶対に無駄《むだ》にできない。年齢的なことを考えても、これまでと同じように過ごしていては、むしろ後退してしまうはずだ。

堂安律というサッカー選手は何者なのか――。本当の意味で真価が問われるのはこれからだ。俺はなんとしてもその壁を乗り越えてみせる。日本のために、乗り越えなければいけないとも思う。俺ならきっと、乗り越えられる。今は本気でそう思っている。

## それでも、俺はメッシやエムバペに勝ちたい。その気持ちにウソはつけない

　サッカー選手になってからずっと言い続けている目標はCL《チャンピオンズリーグ》優勝。それを果たさないと、現役生活を終えたときに「よくやったな」と自分に言えない。カタールW杯を経験して、その距離《きょ》が近づいた感覚はまったくない。むしろ、あのアルゼンチンとフランスの決勝戦を見せられたら、誰《だれ》が近づいたなんて言えるのか。

　俺は決勝戦を見て、悔《くや》しさでいっぱいだった。やっぱり上には上がいる世界なんだなと思い知らされた。本当に恐《おそ》ろしい世界だけど、彼らには負けたくないし、彼らよりも上に行きたいと思ってしまう。CL優勝までの距離だけじゃなく、メッシやエムバペとの距離も近づいてなんかいない。彼らのプレーを見て、カタールW杯で敗退した全選手が危機感を感じただろう。

「おまえなんか、勝てるわけないだろ」と言う人がいるかもしれない。それでも、俺はメッシやエムバペに勝ちたい。その気持ちにウソはつけない。やれることをすべてやらなきゃ絶対に彼らに届かないことは明らかだ。だからこそ、少しでも彼らに近づけるように、自分の課題と向き合い、謙虚《けんきょ》にやるしかない。

W杯が終わり、所属クラブでの日常に戻《もど》った。そこであらためて、W杯の影響力《えいきょうりょく》の大きさを知った。あの激闘《げきとう》で得た自信、深く刻まれた悔しさが心身ともに俺を成長させた。明らかにプレーの質、メンタリティーが向上しているという自覚がある。俺だけでなく、ほかの日本代表の選手たちも、きっとそうだ。所属クラブに戻ってからのプレーや顔つき、試合後のコメントもどこか自信に満ちあふれていた。ただただ、リスペクトしかない。W杯を戦い終えて、それぞれの夢に向かって、さらなる成長を求めて高みを目指す姿はシンプルにカッコいい。

俺も負けていられない。以前までの俺なら、「全然気にしていない」と言ったり、「リスペクトしている」という感情を隠《かく》したりしていたかもしれない。でも、今は自分の心に正直になれている。みんな、W杯で夢に近づきつつも、世界との差を実感したからこそ、こうして危機感を抱《いだ》きながら、日々戦っているんだ。互《たが》いを意識して、しのぎを削《けず》ることができる存在がいることは刺《し》激《げき》になるし、なによりもそういう選手たちが日本代表で強力な味方になることは本当に心強い。

W杯が終わったあとは心も体も研《と》ぎ澄《す》まされる感覚があって、練習も試合もミーティングもすべてが楽しい状態だ。つらい地味な練習もワクワクしながらやれている。「これがいちばん成長するときなんだろうな」という実感がある。でも、浮《う》かれてはいない。今、ここで調子に乗ったら、現役が終わったときに絶対後悔《こうかい》してしまう。そんな予感がする。足をすくわれないよう、一歩一歩、着実に。今を大切にしたい。

## 理想の選手像は、チームに安心感を与える存在

カタールW杯を経験して、麻也《まや》くんや佑都《ゆうと》くんのような選手がいちばん信頼《しんらい》されるし、価値のある選手だと思い知らされた。やっぱりどれだけ個人技があっても、周りにポジティブな影響《えいきょう》を与えられないなら意味がない。まさにアルゼンチンを優勝に導いたメッシの立ち振《ふ》る舞《ま》いがそう。もちろん、メッシ自身が世界最高の選手であることは言うまでもないけど、カタールW杯では、彼の存在がチームメイトに勇気を与え、アルゼンチンを奮《ふる》い立たせていた。

小さいころからメッシに憧《あこが》れ続けたひとりのファンとして、そういうメッシの姿を見ることができてうれしかった。あれだけ世界中の人が「メッシがトロフィーを掲《かか》げているところを見たい」と思うのはすごいこと。それだけ愛されているサッカー選手は世界中でおそらく彼だけだと思う。世界中の誰《だれ》もが感動し、心打たれたメッシの姿。チームメイトの能力まで引き上げる、強くてたくましいスペシャルな存在だった。

強さやたくましさとはなにか。やっぱり大事なときにゴールを決められるかどうかだと思う。「大事なときに結局、あいつがゴールを決める」と誰もが思う選手こそ、チームのド中心。そういう選手はチームに安心感を与える存在で、俺の理想の選手像だ。

プレーで安心感を与えるといえば、ヤット（遠藤保仁《えんどうやすひと》）さん。みんな困ったらヤットさんにボールを預《あず》ける。気がついたら、自然とヤットさんにボールが集まってくる。そういう安心感のある選手こそ、エースであり、リーダーだと思う。チームの絶対的なエースとしてプレーで突《つ》き抜《ぬ》けられれば、自然と周りがついてくるようになる。そして、チーム全員の力を引き上げ、チームを勝利に導く真のリーダーになれるはずだ。

いろんなカタチのリーダーがいるけど、共通しているのは、「この人についてきたい」「この人の背中を見たらがんばれる」「この人の言動で雰囲気《ふんいき》がガラッと変わる」と思われる存在であること。オン・ザ・ピッチだけでなく、オフ・ザ・ピッチも含《ふく》めて、周りに影響《えいきょう》を与えることができるかどうか。

麻也くんも佑都くんもそういう素質を持っている。チームに対する影響力や、国民のみなさんに対する恩《おん》返しの気持ちの強さといった大事なものを、これまで誰よりも近くで見させてもらってきた。麻也くんの頼《たの》もしい言動、佑都くんのようなチームを鼓舞《こぶ》する盛り上げ方が俺にできるかはわからないし、マネをするつもりもない。俺は俺のやり方で日本代表の絶対的な存在になってみせる。

## 日本代表を背負えるのは俺しかいない。これ以上の景色を見るためなら、どれだけつらくてもいいと思える覚悟《かくご》ができた

これまで俺は「背番号10を背負いたい。エースになりたい」と言い続けてきたけど、今はそれ以上の存在になりたいと思っている。以前は正直、「10番でキャプテンをしている自分が好き」というエゴがあった。でも、W杯を終えてみて、「日本を背負って立つ人間は俺しかいない」「俺の力が必要だ」と本気で思っている。

俺は気持ちが強いし、夢もたくさんあるからこそ、そういう選手が背負わなきゃいけないと思う。「堂安、頼《たの》むよ」とみんなに言ってもらえる存在になりたい。それはつまり、日本のエースであり、リーダーになるということ。

もしキャプテンをやってくれと言われたら、喜んでやりたい。でも、それはチームが決めること。キャプテンであろうがなかろうが、自分が引っ張るつもりでやりたい。まあ、麻也《まや》くんに「おまえはできないだろ」と言われるかもしれないけど。

これからの日本代表を引っ張っていくのは俺しかいない。これ以上の景色を見るためなら、どれだけつらくてもいいと思える覚悟ができた。チームメイトに嫌《きら》われてもいい。年齢は関係ない。下を向いている先輩がいれば、俺が巻き込《こ》んでいく。苦しいときに仲間を引っ張れる存在になり

たい。サッカー選手としてだけではなく、ここからさらにひとりの人間として成長していきたい。その覚悟はもうできている。

それくらい、「これからは俺が日本を引っ張っていかなきゃいけない」と心の底から思っている。W杯が終わって、日本代表に対する期待も、俺に対する期待も今まで以上に大きくなっているのは感じるけど、それが重圧にはなっていない。

国民のみなさんにはプレッシャーをかけ続けてほしい。これまで以上に注目してもらいたいし、ダメなときには遠慮《えんりょ》なく、批判してほしい。それも全部、自分の力にして、ここからさらにもうワンランク、ツーランク上の選手になってみせる。日本代表がまだ見たことのない景色を見せたい。だから、俺についてきてほしい。

日本国民全員が認める絶対的で圧倒的《あっとうてき》な日本代表の中心に、俺はなる。引退するときに、「もうこれ以上はサッカーをしたくない」と心の底から思えるように、本気でサッカーと向き合い続けてやる。

# 子供たちに伝えたいこと

## 自身の経験を落とし込《こ》んだ本気のフットボールスクール

兄の憂《ゆう》と一緒《いっしょ》に小学生向けのフットボールスクール「NEXT10 FOOTBALL LAB」を立ち上げました。JR尼崎《あまがさき》駅直結のビル屋上に自前でフットサルコートを2面つくったけど、プロになったばかりのころは自分がかせいだお金でこういうことができるなんて想像もしていなかったです。コンセプトは「世界へ羽ばたく選手の育成」「信頼《しんらい》される人間力の向上」。生まれ育った街から次世代の10番を輩出《はいしゅつ》するため、僕と兄がプロのピッチで必要と感じたことを取り入れたりして、オリジナルの指導メニューを提供していきたいと思います。

現場の指導については基本的に兄に任せています。コーチとしては兄のほうが先輩《せんぱい》なので。ただ、僕が世界で感じたことはしっかりと伝えていきます。それをどう噛《か》み砕《くだ》いて子供たちに伝えていくかは兄の仕事。兄はJ3で戦力外通告を受けているけど、兄なりに後悔《こうかい》していることが多いと思うんです。「プロになれたんだから、もっと上を目指してやったらよかった」とか。子供たちにとって、一度壁《かべ》にぶつかった人の意見は重いと思うんですよ。

小学生時代、コーチから初めてかけられた言葉、初めて教えてもらったことはいまだに覚えていますからね。うれしかったこともいやだったことも（笑）。それくらい責任持ってやってほしいとスタッフには伝えています。子供たちにはとにかく思い切り楽しんでほしい。サッカーをしている1時間半、2時間は学校の宿題も忘れられる時間になってくれたらうれしいです。

## 子供を子供扱《あつか》いしない。みんなに笑われるぐらいの夢がちょうどいい

子供たちと楽しみながらプレーすることで、自分自身もなんだか原点に戻《もど》ったような気持ちになることがあります。海外に行ったばかりのころは英語がまったく話せなかったけど、ピッチに立ってボールがあればサッカーでチームメイトと会話ができた。やっぱり、サッカーに年齢《ねんれい》や国籍《こくせき》は関係ない。そんなサッカーの素晴らしさに気づきましたし、あらためてサッカーというものが自分たちの言語なんだなと思いました。

（早野《はやの》）陽《よう》コーチには「技術・メンタルを向上させよう！　でも遊び心は忘れずに」と口酸っぱく言われていた。彼は小学生の俺たちを子供扱《あつか》いしなかった。だから、今一緒にご飯に行っても、「陽コーチ、あのときからこんなこと言うてたよなー」って話で盛り上がるんです。

子供を子供扱《あつか》いしないって、すごく大事なことじゃないですか。それは指導者としても、人としても共通して素晴らしいことだと思う。陽《よう》コーチから教わったことにも通じるけど、子供たちと触《ふ》れ合うなかで特に意識していることは絶対に手を抜《ぬ》かないこと。いつも本気で立ち向かいます。それが子供たちを驚《おどろ》かすいちばんの方法だと思ってるので。

子供たちにはとにかく夢を持ってほしい。本当にそれだけは必ずしてほしいと思います。そして、その夢はなるべくみんなに笑われるぐらいがちょうどいいと思う。ときには自分でも無理と思うようなことにも立ち向かう必要がある。それから、楽しむこともちろん大切。だけど、プロになってから、現実はそんなに甘《あま》くないって感じたことも同時にあります。

ウソやきれいごとは書きたくないから正直に言うけど、もしずっとサッカーを楽しみたいなら、一生公園でやっていればいいと思う。サッカー選手として活躍《かつやく》したければ、やっぱり苦しいこともある。だから、プロを目指す子にはそういった苦しいことも乗り越《こ》えていってほしいと思います。これは別にサッカーに限ったことじゃない。苦しいときでも努力を続けられる人は、ひとりの人間として社会で戦っていけるんじゃないかなって感じています。

週刊プレイボーイ（2019年7月13日、2022年1月17日、4月11日発売）「堂安律の最深部」

第6章

# 堂安語録

## 唯一無二の
## 10の思考

## ―反骨心―

### 「『あいつ終わったな』と思われたときからが自分の見せどころ。ギラギラしていないと思われたら、俺はサッカーをやめる」

小4でセレッソ大阪のセレクションに落とされたときも、ガンバ大阪のU－23でトップチームに上がれず悔《くや》しかったときも、フローニンゲン移籍《いせき》後にナメられたときも、PSVでケガでもないのに試合に出られなかったときも、W杯最終予選のメンバーから落選したときも、俺を突《つ》き動かした原動力はまぎれもなく反骨心だった。

あらためて自分のキャリアを振《ふ》り返ってみると、常に、誰《だれ》かしら上の存在がいる環境《かんきょう》に身を置いてきた。俺はそういう星のもとに生まれているんだと思う。いちばん下からのし上がったら、すぐ下に蹴落《けお》とされ、またいちばん下から必死にはい上がって……という繰《く》り返し。俺は生まれながらの天才なんかじゃない。挫折《ざせつ》ばかりの人生だ。

でも、どれだけ苦しいことがあっても、歩みは止めなかった。その都度、「ふざけんな！」と自分の心に火をつけて、前だけを向いて突き進んできた。サッカー選手として、ひとりの人間として、堂安律らしさとはなにかと言われたら、「気持ち」しかない。

決してメンタルが強いわけじゃない。でも、負けん気の強さ、あきらめの悪さは誰にも負けない自信がある。「プロサッカー選手がそんな単純な言葉を使うな」と思う人もいるかもしれないけど、やっぱりいちばん大事なのは根性だから。

これまで周りの選手が活躍《かつやく》する姿を見て、猛烈《もうれつ》にあせり、自分を大きく見せようとしていた時期もあった。でも、次第に、根拠《こんきょ》のない自信が、圧倒的《あっとうてき》な自信に変わってきた。何度も何度も挫折を味わい、壁《かべ》を乗り越《こ》えてきた経験が俺を強くしてくれた。

「あいつ終わったな」と思われたときからが自分の見せどころ。大きな壁にぶち当たっても、ひるむことはない。W杯最終予選のメンバーから落選したときに「逆境大好き人間」とつぶやいたけど、あれは本心だ。「よし、逆境を楽しんでやろう」という純粋《じゅんすい》なマインドと、自分にプレッシャーをかけ、「なにくそ!」と奮《ふる》い立たせるための言葉だった。

野心は常に持っている。カタールW杯を経験して、さらに燃えたぎって仕方がない。結果に対する貪欲《どんよく》さ、ハングリーさは誰にも負けない。ギラギラしていないと思われたら、俺はサッカーをやめる。現役中に丸くなったら終わりだ。そんな堂安律、見たくないでしょ? いくつになっても、意地でもとんがり続けてやろうと思う。

## ──アンチ──

**「『俺を批判している人たちを全員、大ファンにさせてやる！』という強烈《きょうれつ》なモチベーションが、今日も俺を突《つ》き動かしている」**

20歳で日本代表に選ばれてから、注目度や知名度が一気に上がった。日本代表初ゴールを決めたころは称賛《しょうさん》や期待の声が大きかったけど、チームを優勝させることができなかったアジア杯以降は強烈なバッシングを浴びた。日本代表の影響力《えいきょうりょく》はすさまじく、「なんで堂安を出すんだ」「堂安のどこがいいんだ」というアンチの声がいやでも俺の耳に入ってきた。

あの当時、日本代表のなかで俺が圧倒的《あっとうてき》に嫌《きら》われていた。それは間違《まちが》いない。チームが負けたら、「堂安のせい」「堂安はいらん」と言われたし、コンディション不良でシュートをあまり打てなかったとき、ほかの選手なら「普通《ふつう》だった」と言われるけど、俺は「全然ダメだった」と言われてしまった。

結果を出しても、「どうせ、まぐれだろ」と反応され、「はあ？」と反発したくなることもあった。でも、経験を重ねるうちに、次第にどっしりと構えられるようになった。自分が思ってもいないようなことを言われたほうが発見もあっておもしろいし、毎回正しい評価をされるほうがつらい。批判の声を、奮起《ふんき》のためのエネルギーに変えられるようになっていった。

でも、結果はなかなか出ない。結局、カタールW杯まで3年10か月も日本代表ではゴールを決められなかった。コロナによって代表活動が行われなかった期間もあるとはいえ、あまりに長い。所属クラブで好調でも、日本代表では思うようなパフォーマンスを発揮できない時期が続いた。

日本代表で先発から外れ、出場機会が減ってくると批判の声は聞こえなくなってきた。所属クラブで活躍《かつやく》しても、話題にすらならないことが増えた。そのおかげでプレッシャーから解放され、リラックスしてのびのびとプレーできるようになり、自分を見つめ直すこともできた。一方でこんな思いも抱《いだ》いていた。

「ああ、今の俺は誰《だれ》からも期待されていないんだな……」

若くして日本代表の一員になり、過度に期待値が上がってしまったことでたくさん批判された。でも、それは全部、自分の責任だ。その大きな期待に応えることができなかった俺が悪い。自分にものすごく腹が立った。俺の性格上、批判してくれたり、叩《たた》いてくれたりする人がいるおかげで、モチベーションを高く持ち続けられる。アンチの批判が、俺を奮《ふる》い立たせてくれる大きな材料なんだ。

批判は期待の裏返し、アンチはファン――。誰《だれ》にも期待されず、批判もされず、関心も持たれないことがいちばんつらい。身を持って実感した。プロサッカー選手として、アスリートとして、エンターテイナーとして、「俺を批判している人たちを全員、大ファンにさせてやる！」という強烈《きょうれつ》なモチベーションが、今日も俺を突《つ》き動かしている。

## ――逆境――

**「どんな状況《じょうきょう》であれ、敵は相手じゃなくて自分。これまでの努力を疑ってしまうのは自分を全否定するのと一緒《いっしょ》。どれだけ自分で自分を信じ続けられるか」**

常にポジション争いがある環境《かんきょう》を熱望して移籍《いせき》したPSV1年目。ケガ以外で試合に出られないという経験は初めてだった。でも、ほかの選手に負けているとはいっさい思っていなかった。「俺を出さないと勝てないぞ！」という思いは強く持っていたけど、かといって、それを口に出すのは絶対に違《ちが》うし、ダサすぎる。そういうときに誰かに対する文句を探したり、自分に対する言い訳を探したりするのは簡単だ。でも、そんな逆境こそ、自分が大きく化けるチャンスだと信じていた。これからもっとレベルの高い環境で勝負していけば、ポジション争いは必ずついて回るもの。もし、この状況が暗闇《くらやみ》なのであれば、正直、楽すぎるとも思った。

サッカー選手はたった1試合で人生が変わる職業。ワンプレーで光を見つけることができるのだから、こんなにわかりやすい職業はない。その瞬間《しゅんかん》のために、どれだけ毎日やり続けられるか。どんな逆境でも、どれだけ自分で自分を信じ続けられるか。

プロサッカー選手として、俺は今までいろんな新しいことに挑戦《ちょうせん》し続けてきたし、「自分はほかの人よりも努力している」という強い自信を常に持ってきた。毎日毎日、ピッチのなかはもちろん、ピッチの外でも努力を積み重ねていくなかで、試合に出てゴールやアシストというわかりやすい結果を残せたときには、「ほら、こうやってやり続けてきたからや」と堂々と言えるもの。でも、うまくいかなかったり、思うような結果が出なかったりすると、「今まで自分がやってきたことは間違っていたんちゃうか」と疑いたくなってしまう。

実際、俺も人間だから、「これだけやって同じ結果なら、やらなくてよかったやないか」「自分を甘《あま》やかして、好きなもん食べたり飲んだりしとけばよかったやん」と一瞬《いっしゅん》、頭をよぎることだって昔はあった。だけど、これまでの努力を疑ってしまうのは自分を全否定するのと一緒。だからこそ、自分の考えを絶対に曲げちゃダメだし、自分が自分をいちばん信じなくちゃいけない。

カタールW杯でコスタリカに負け、あとがない状況だったスペイン戦の前に、俺はツイッターで「どんな状況であれ敵は相手じゃなくて自分」とつぶやいた。世間でも、チームメイトでもなく、自分自身に対して。プレッシャーのかかる難しい状況《じょうきょう》だったからこそ、頭を整理し、自分を追い込《こ》むために発した言葉だった。

いろいろな経験を重ねて、その言葉の意味がわかるようになってきた。結局、勝たなきゃいけないのは、相手じゃなくて自分自身なんだ。これは別にサッカー選手に限った話じゃないと思う。シチュエーションが違《ちが》うだけで、誰《だれ》でも思い当たる経験があるはず。自分のことを信じることができれば、きっと誰よりも自分に厳しくできるはずだ。

## ――メンタル――

**「最初から恐《おそ》れず立ち向かえる人はいないし、恐れを抱《いだ》かないことが心の強さだとは思わない。それでも逃げずに自分の弱さと向き合って乗り越《こ》える。それこそが、心の強さだ」**

俺は弱い。心配性で現実主義者。人一倍、悩《なや》むことが多い。表には出さないけど、不安でビビることもある。内心、自信を失いそうになるときだってある。心のなかでは、いつも弱い自分と葛藤《かっとう》している。

でも、「全然ダメだ」「どうしようもない」とネガティブなまま、落ち込んで下を向いているわけではない。「どうしたら、もっとうまくできるようになるのか」「どうしたら、もっとチームのためになるのか」とポジティブに悩む。悩んで、悩んで、悩み抜《ぬ》く。

たとえば、スカウティングをつけてプレーを分析《ぶんせき》してもらっていた時期もあったけど、そこで指摘《してき》されたことが頭に焼きついてしまい、結果的に試合で消極的になり、バックパスが増えたこともあった。サッカー界ではスタンダードな方法だったけど、自分にはどうも合っていなかった。そこで、試合前になるべくいいシーンだけを見るようにしてみたら、試合中もポジティブなイメージを浮《う》かべながらプレーできるようになった。

これが俺の性格によるものなのか、俺が攻撃的《こうげきてき》な選手だからなのかはわからない。でも、悩んだすえにやり方を変える決断をしなければ、ずっともがき苦しんでいたかもしれない。ときにはやめる勇気も必要だと実感した。

最初から恐れず立ち向かえる人はいないし、恐れを抱かないことが心の強さだとは思わない。それでも逃げずに自分の弱さと向き合って乗り越える。それこそが、心の強さだ。自分のダメなところを隠《かく》したり、気づかないふりをしたくなるけど、目を背けていてはいつまでたっても弱いまま。直視してそれを認めないと、成長はそこで止まってしまう。

俺は自分の弱さを知っている。もしかしたら、それが俺の強みなのかもしれない。あとに引けない状況で、弱い自分が少しずつ強くなっていく。地面にはいつくばってでも夢を追いかけ、立ち上がっていく。それが俺の好きな生き様《ざま》だ。

なにか課題が見つかったら、「ラッキー！　ここを伸ばせばもっとうまくなる」と思うし、全力で克服《こくふく》したいと思う。簡単にクリアできたら、つまらない。人生だってそうだ。

## ――言語化――

**「自分の置かれた立場や状況《じょうきょう》を客観的に把握《はあく》して、うまく言語化できる人間じゃなければ、目の前に立ちふさがる壁《かべ》を乗り越《こ》えることは不可能だ」**

昔はすぐ一喜一憂《いっきいちゆう》してしまい、メンタルの波が激しかった。ピッチに立つまで悩《なや》んでいたこともあったし、頭の切り替《か》えができず、そのモヤモヤを引きずって中途半端《ちゅうとはんぱ》なプレーをしていたこともあった。だから、前の試合でいいプレーをしても、次の試合でなかなか継続《けいぞく》できない。調子の波が激しい選手だった。「このままじゃ上には行けない」「変わらなきゃダメだ」という思いが日に日に強まっていった。

2020年、コロナでシーズンが打ち切りになり、自宅待機していたタイミングで自分を見つめ直した。技術やフィジカルはすでにトレーニングできていたけど、心のトレーニングが圧倒的《あっとうてき》に足りていないと悟《さと》った。当時、俺はよくインタビューで「強い人になりたい」と言っていたけど、その言葉の意味をうまく説明できていなかった。自問自答を繰《く》り返して、ふと頭に浮《う》かんできたのは、「強い人」＝「人間力のある人」＝「何事もうまく言語化できる人」だった。

なにかに行きづまっても、うまく言語化できれば、すぐ行動できるし、改善できる。感覚だけ、勢いだけでやっている人は解決策をなかなか導き出せない。調子の波が激しい人は言語化ができていないのだ。PSV1年目のころの俺がまさにそう。感覚だけでやっていたから、「強くならなくちゃいけない」と思っても、問題の本質がわかっていなかった。

もしかしたらメッシや（クリスティアーノ・）ロナウドみたいなトップ選手は、なにも考えずに感覚だけでやれちゃうのかもしれない。でも、きっと言語化もうまいはずだ。たとえ不調になっても、その理由が自分でわかっているから、常に一定のレベルでプレーできるんだと思う。

俺は天才じゃないから、なおさらしっかりと言語化できるようにならなきゃいけない。自分の置かれた立場や状況を客観的に把握して、うまく言語化できる人間じゃなければ、目の前に立ちふさがる壁を乗り越えることは不可能だ。どんどん泥沼《どろぬま》にハマってしまう。

うまく言語化できるようになると、マップみたいなものが頭のなかに自然と浮かんできて、「俺は今こういう状況だから、こうしなきゃいけない」ということが手に取るようにわかってくる。

ピッチのなかだけじゃなく、普段の生活でもそう。機嫌《きげん》が悪くなったり、不安になったりしても、「なぜそうなのか？」を冷静に言語化することで、うまく自分をコントロールできるようになるんだ。

## ――マインドセット――

### 「緊張《きんちょう》しすぎるのはよくないけど、適度な緊張感がなければ熱くもなれない。冷静だけど、熱く。そのバランスが大事」

人生でゾーンに入ったのは2回だけ。２０１８年10月のウルグアイ戦で決めた日本代表初ゴールのシーン。そして、カタールW杯のドイツ戦で決めた同点弾《どうてんだん》のシーン。その状態を意図的につくり出せないかと考えて、いろいろな人に話を聞いたけど、ゾーンはなかなか自分でコントロールできないものだとわかった。でも、ゾーンの前のフローの状態なら、自分で操ることができる。そのためには、しっかりマインドセットする必要がある。

その感覚をつかめるようになったのは、カタールW杯の前、２０２２年6月に行われたキリンチャレンジカップ・パラグアイ戦だった。その直前の3月、俺はW杯最終予選のメンバーから落選した。メディアやネットでいろいろな憶測《おくそく》を飛ばされたこともあり、「今日ダメだったら、W杯には絶対に行けない」というすさまじいプレッシャーを感じていた。

人生でいちばん緊張した試合だったと思う。所属クラブや日本代表で、ここぞという試合を何度も経験してきたけど、パラグアイ戦の緊張感は今まで味わったことのない独特なものだった。「ここで結果を出さないと生き残れない」「俺のサッカー人生を左右する試合になる」という予感があった。まさに極限状態だった。

そんな運命の一戦でも、もう心に迷いはなかった。この試合をきっかけに、「どんな試合でも俺はベストパフォーマンスを出し切れる!」という自信がついた。表面的な自信ではなく、確信に近かった。それはつまり、ゾーンの前のフローの状態をしっかりとマインドセットできるようになったということ。

冷静だけど、熱く。そのために、あえて自分を緊張させる——。一見、矛盾《むじゅん》しているようにも思えるかもしれないけど、これが俺なりに導き出したベストなマインドセットだ。

試合が始まる前にピッチに立ち、満員の観客の前でゴールを決めている姿をリアルにイメージする。心拍数《しんぱくすう》がどんどん上がり、全身に血がめぐってくる。そして、対戦相手に対する闘争心《とうそうしん》をむき出しにし、「絶対に目の前の相手を上回ってやる」「マッチアップする相手を前半で交代させてやる」と心に火をつけ、ハングリー精神を高めて試合に向かう。俺は相手にイライラしたときほどパフォーマンスがよくなるから、その状態を意図的につくり出す必要がある。

緊張《きんちょう》しすぎるのはよくないけど、適度な緊張感がなければいいプレーはできない。冷静だけど、熱く。そのバランスが大事なんだ。以前の俺は、メンタルのことを誤解していた。根性や気持ち、ハートの問題だと思っていたけど、そうじゃない。メンタルは脳の問題だった。どんな状況《じょうきょう》でも、自分の脳をコントロールし、ベストパフォーマンスを安定して出せるかどうか。

カタールW杯は心身ともに充実《じゅうじつ》していた。でも、まだ波はある。これからさらに、この感覚を研《と》ぎ澄《す》ましていくことで、選手としてさらにレベルアップできるはずだ。

## ――努力――

**「努力すれば必ずなにかが叶《かな》うとは思わないけど、努力をしていないヤツにはそういうチャンスは絶対にめぐってこない。不安を解消するには、とにかく練習。ピッチに立つ前に『やれることは全部やった』と言い切れるだけの練習を毎日やっていくしかない」**

こう見えて、実はけっこう計画性があるタイプ。10代で海外に行くために早い段階からU－20W杯に照準を合わせていたし、最初のクラブ選びも、出場機会やステップアップなどいろいろ考えたうえでフローニンゲンを選んだ。一見、遠回りのようで、自分の成長のためにPSVからビーレフェルトへのレンタル移籍《いせき》を決断したし、フライブルクへの完全移籍も過去の知名度よりも今と未来のポテンシャルを冷静に判断した結果だ。

夢や目標のために常に逆算して考えるクセがついているからこそ、自分のイメージしていたことととズレると、やっぱり自分を疑いたくなる気持ちも出てくるもの。でも、そういう気持ちに負けないように日々葛藤《かっとう》しながら、前を向いて努力してきた。

プロサッカー選手として、これまでずっと公言してきたのがＣＬ《チャンピオンズリーグ》優勝だ。その夢はいつもブレていない。人生最大の夢だからこそ、簡単に叶ったらつまらない。その夢の実現のため、数年後の細かいイメージも常にしっかり持っているけど、実際には状況によって変わるものでもあるし、自分の意志だけではどうにもならない部分もある。これから先の3年間のトレーニング内容を、今考えても意味がない。「ＣＬで優勝するためのトレーニング法」を誰《だれ》かが教えてくれるわけでもないし、そんな教科書があるわけでもない。

限りある時間のなかで自分なりに知恵をしぼり、どうすれば最大限に成長できるかを模索《もさく》し続けるのが、サッカー選手のおもしろいところ。試行錯誤《しこうさくご》や失敗を繰《く》り返してきたことを、あとから笑い話にできるように今を必死に生きるしかない。

そして、どんなことがあっても、「最終的に自分はそこにいる」というイメージだけはブレてはいけない。もちろん、そこに行きつくための過程やアプローチの仕方は、その都度、変えていくべきだ。柔軟性《じゅうなんせい》も必要になってくる。とにかく日々の行動のすべてが、ＣＬ《チャンピオンズリーグ》優勝という最大の目標につながっていることを意識して、1分1秒を惜《お》しんで努力を続けたい。

練習はウソをつかない――。ありふれた言葉だ。俺も昔はきれいごとだと思っていた。でも、カタールW杯で決めた2ゴールは、まさしくこの言葉を証明するものだった。俺が日本でいちばん、この言葉の重みをわかっているかもしれない。

あらためて思い出した出来事がある。２０２０年10月13日の国際親善試合・コートジボワール戦で植田《うえだ》（直通《なおみち》）くんが日本代表初ゴールを決め、試合後に（原口《はらぐち》）元気《げんき》くんと言葉を交わした。植田くんはヘディング練習が日課で、代表合宿でも毎日欠かさず繰《く》り返していた。そして、あの試合の後半終了間際に劇的なヘディングゴールを決めてみせた。

試合後、「やっぱり練習はウソをつかないよね。毎日やっているから、あそこでボールが来るんだよ」と元気くんがボソッと言った。俺は返事もせず、「ああ、そっか。俺は練習しても結果につながらへんな」と漠然《ばくぜん》と思っていた。その数日後、俺はバイエルン相手にブンデス初ゴールを決めた。縦へ仕《し》掛《か》けてからの右足シュート。ビーレフェルトに移籍《いせき》してから、居残り練習でずっと繰り返していたカタチだった。バイエルン戦後、「やっぱり練習はウソをつかないですね」と元気くんとふたりで笑いながら話したのをよく覚えている。

元気くんとは「ただ、その瞬間《しゅんかん》がいつ来るかわかんないよね。10年後かもしれないし」とも話していた。いつ実るかわからないから、努力を続けるのは難しい。わかっていたら簡単だ。それまで努力を続ければいいだけだから。サッカーの場合、そんな瞬間は来ないことがほとんどだ。それでも自分を信じてやり続けなければ、そこで道は途絶《とだ》えてしまう。

やりたくない練習やトレーニングをこれまで続けられたのは、それでも叶《かな》えたい夢があるから。そして、単純に自分に負けたくないから。成長しているという実感はなくとも、0・1でも0・2でもいいから、毎日コツコツと積み上げていかないと絶対に夢にはたどり着けない。W杯での2ゴールで俺はそのことを実感した。

努力すれば必ずなにかが叶うとは思わないけど、努力をしていないヤツにはそういうチャンスは絶対にめぐってこない。そうやって自分に言い聞かせながら、俺はこれまでやってきた。不安になることもある。でも、それを解消するには、とにかく練習しかない。ピッチに立つ前に「やれることは全部やった」と言い切れるだけの練習を毎日やっていくしかない。

でも、やみくもにがんばっても意味がない。正しい方法で、正しい方向で、正しい質と量で、コツコツと積み重ねるしかない。いつ結果が出るのかわからなくて不安になっても、自分を疑わず、「この道で合っているんだ」と自分を信じ続けるしかない。

これから先、時間をかけても結果が出ないことがあるかもしれない。でも、俺はもう迷わない。俺がいちばん、俺のことを信じているから。どんな逆境でも、自分を信じ続けられるから——。

## ——夢——

**「夢は持たなきゃいけないけど、見すぎちゃダメ。夢しか見ていないヤツは足をすくわれる。今を積み重ねられないヤツに、未来なんてあるわけがない」**

PSVからビーレフェルトへのレンタル移籍《いせき》は人生最大の決断だった。まさに覚悟《かくご》を決めた瞬《しゅん》間《かん》。そこから肝《きも》のすわり方が変わった。それ以前は「俺はやれるんだ」「俺は強いんだ」と自分自身に対して強気な言葉を発していたけど、そういう無意識のカッコつけがなくなった。

PSV1年目は周りの環境《かんきょう》に流されて、背伸《せの》びをしていたところもあった。本来の自分のプレーを見失い、ケガでもないのに試合に出られなくなってしまった。「絶対にレギュラーの座をつかんでやる」と意気込《いきご》んだプレシーズンで、新監督《かんとく》の構想外であることを伝えられた。トレーニングで手応えをつかんでいたからこそ、どん底に突《つ》き落とされた気分だった。

そこで手を挙げてくれたのがビーレフェルトだった。欧州《おうしゅう》でも名の知れた名門クラブから、12年ぶりに1部昇格《しょうかく》を果たしたドイツの小さなクラブへの移籍。「ここでダメなら、サッカー選手としてのセンスがなかったってことやから、もうしゃあない。どうせなら思い切って楽しんでやろう！」と心の底から吹《ふ》っ切れることができた。自然に笑っちゃう感じ。もう俺に失うものはなかった。腹をくくって覚悟を決めちゃえば、怖《こわ》いものなんてないんだ。

そういう経験を通して、今だけに集中することの大切さを実感した。以前は先のことばかり、未来のことばかり考えていて、今がおろそかになっていた。夢は持たなきゃいけないけど、見すぎちゃダメ。夢しか見ていないヤツは足をすくわれる。自分が今やらなくちゃいけない目の前のことだけに集中して、とにかくひとつひとつやるしかないんだ。今を積み重ねられないヤツに、未来なんてあるわけがない。

いろいろメンタルについて勉強してきたけど、そういうことじゃなかった。勉強することも大事だけど、実際に経験して心の底から納得しないと自分はなかなか変わらない。今まで俺は経験の大切さを信じてこなかった。「経験なんてしなくても、経験せずに結果を出せばいい」と思っていたけど、「ああ、こういうことだったのか！」と今は思う。サッカー選手としてだけじゃなく、ひとりの人間として、とても大切な学びだった。

俺はビーレフェルトに行って変わった。ステップダウンになるんじゃないかという不安もあったけど、言い訳できない環境《かんきょう》に身を置いたら、一気にギアが上がって花が咲《さ》いた。その1年後、ドイツで得た自信を胸にPSVに戻《もど》ったら、思いどおりのプレーができた。成長を実感した。大きな壁《かべ》にぶつかって、なにをしてもうまくいかない人も多いと思うけど、思い切って環境を大きく変えることで前に進むきっかけをつかめるかもしれない。

## ――有言実行――

**「言霊《ことだま》は絶対にある。自分の思いを発信することで、自分と周りを動かし、必ず運を引き寄せることができると信じている。未来を変えるために、今日を全力で生きる。一歩ずつ、自分だけを信じて」**

よくビッグマウスと言われるけど、俺としてはそんなつもりはまったくない。ただただ素直に思ったことをそのまま口に出しているだけだ。日々、サッカーのことだけでなく、あらゆることに対して、「自分はどうすべきか」「自分はどう思うか」と考えている。思ったことは包み隠《かく》さず、なんでも迷いなく言うタイプだから、ときに誤解を招いたり、批判されたりしているんだと思う。

でも、白状すると、日本代表に選ばれたばかりの20歳、21歳のころは背伸《せの》びをしていた。世間から注目されるようになり、どこかで無理をして、思ってもいないような、身の丈《たけ》に合わない言葉を発していた。生きていて居心地がよくなかった。あのころの俺は未来ばかり見すぎていた。夢は人よりも大きく、誰《だれ》よりも強く願っていた。でも、肝心《かんじん》の今を見落としていた。

今やるべきことにフォーカスしていると、他人のことを気にするのは時間の無駄《むだ》だし、他人からどう思われているかなんて、まったく気にならなくなってくるもの。そういうメンタルでいると、チームメイトとの接し方や要求も自然とポジティブなものに変わってくる。逆に自分の気持ちをコントロールできていないと、サポーターのブーイングも気になってしまう。

ただ、「自分が今なにをすべきかわかっている」「周りは気にならない」とわざわざ口に出して言うヤツに限って、むりやりポジティブシンキングしているだけ、というパターンだってある。まさに、それが以前の俺だ。PSVで壁にぶつかり、ビーレフェルトで自分を客観的に見つめ直すことで、どういう人間かわかるようになってきた。

自分の意見をハッキリ言うことに怖《こわ》さを感じることもあったけど、いろんな経験を重ねていくうちに、自分の心のうちから出てくる言葉を気負いなく吐《は》き出せるようになってきたし、だんだんと頭のなかを整理できるようになってきたと思う。

もちろん、大きな目標を掲《かか》げることは大事だ。ただ、それだけで努力を続けていくのは難しい。たとえば、年に2回くらい大きな目標を紙に書いて頭に叩《たた》き込《こ》んだら、それを忘れてがむしゃらに毎日過ごす。そのうえで今日1日、明日1日の小さな目標を持って、それを継続する。1の積み重ねが、やがて100にも1000にもなっていく。それが唯一《ゆいいつ》にして最大の近道だ。

俺はこれまで叶《かな》えたい目標を口に出したり、ノートに書き出したりして、有言実行してきた。まだ叶えられていない目標もあるけど、必ず実現してみせる。言霊《ことだま》は絶対にある。自分の思いを発信することで、自分と周りを動かし、必ず運を引き寄せることができると信じている。未来を変えるために、今日を全力で生きる。一歩ずつ、自分だけを信じて。

## ――唯一《ゆいいつ》無《む》二《に》――

**「成長するための近道なら、プライドをへし折られても全然かまわない。『このくらいでいいか』と環境《かんきょう》に慣れるのだけは、死んでもごめんだ。俺しかいない――。それが堂安律の生き様《ざま》だ」**

座右の銘《めい》というとカッコつけすぎだけど、「好きな言葉はなに?」と聞かれて必ず答える言葉がある。「唯一無二」だ。

「試合になったらピッチのなかで自分がいちばんうまいと思ってプレーし、練習ではいちばんへタクソやと思ってプレーしろ」

これは小学生のころの恩師、（早野《はやの》）陽《よう》コーチの言葉。俺は今でもこの教えを実践《じっせん》している。ほかの人とかぶること、普通と言われることが大嫌《きら》いで、どんな試合でも、「ピッチにいる22人のなかでいちばん輝《かがや》いている選手でいたい」という意識を持ってプレーしている。

俺は自他ともに認めるナルシスト。でも、プライドは高くない。成長するための近道なら、プライドをへし折られても全然かまわない。基本的に人の話はしっかり聞くし、「この人、いいこと言ってんなあ」と思うこともけっこう多い。なにがなんでも自分が正解だとはまったく思っていないし、聞く耳は誰《だれ》よりも持っている。柔軟性《じゅうなんせい》があるのも俺の特徴《とくちょう》だ。

そして、変化を恐《おそ》れない。成長していくためには、立ち止まっていてはいけない。より厳しい環境に身を置きたいと常に思っているし、これまでもそういうキャリアを歩んできた。「このくらいでいいか」と環境に慣れるのだけは、死んでもごめんだ。

変化を恐れる人もいるけど、成功体験に引っ張られているようじゃダメ。もちろん、自分が今までやってきたなかで持っている信念みたいなものは大事だし、それを継続《けいぞく》していくことも当然、大事だ。でも、ときには勇気を持って、考え方をガラリと変えることも必要。俺の頭を揺《ゆ》さぶってくれるような言葉や考えはいつでもウェルカムだ。

エンターテイナーとして、俺なりに意識していることがある。それは「堂安律じゃないと成り立たないかどうか」ということ。俺じゃなくても成立するなら、俺である必要がない。俺は、ありのままの俺を見てほしい。批判されることも承知で生きているから、アンチも多いけど、そういう人も引き込《こ》んで前に進んでいきたい。みんな、俺に普通《ふつう》のことなんか求めていないでしょ？　俺はこれからもサッカー選手として、ひとりの人間として、俺にしかできないプレーや言動で魅《み》せ続け、夢を追いかけているすべての人たちの心を突《つ》き動かしていきたい。

俺しかいない――。それが堂安律の生き様《ざま》だ。

※本書は、週刊プレイボーイの連載コラム「堂安律の最深部」を大幅に加筆修正し、書き下ろし原稿も加えて構成しています。


## 堂安律 RITSU DOAN

1998年6月16日生まれ、兵庫県尼崎市出身。
ガンバ大阪、FCフローニンゲン（オランダ・エールディヴィジ）、
PSVアイントホーフェン（オランダ・エールディヴィジ）を経て、
2020年9月にアルミニア・ビーレフェルト
（ドイツ・ブンデスリーガ）へ期限付き移籍。
2021年には再びPSVアイントホーフェンでプレーし、
2022年7月にSCフライブルク
（ドイツ・ブンデスリーガ）へ完全移籍。
2018年9月からサッカー日本代表としても活躍中。
2021年の東京五輪では背番号10、
カタールW杯では背番号8を背負った。
また、地元・尼崎で実兄の憂とともに、
未来の日本代表10番を育成するフットボールスクール
「NEXT10 FOOTBALL LAB」を運営中。



ブックデザイン　後藤正仁
写真　HIRO KIMURA
スタイリング　松下洋介
ヘア&メイク　吉村健
協力　杉本啓（株式会社イレブン・マネジメント）
高村美砂
編集／構成　荻原崇（集英社）

# 俺《おれ》しかいない

2023年3月25日　第1刷発行
2023年6月20日　第3刷発行

著者　堂安律《どうあんりつ》

発行人　樋口尚也
編集人　地代所哲也
発行所　株式会社　集英社
〒101-8050
東京都千代田区一ツ橋2-5-10
電話
編集部　03-3230-6371
販売部　03-3230-6393（書店専用）
読者係　03-3230-6080

印刷・製本所　凸版印刷株式会社




ISBN978-4-08-790112-2 C0075